Mandala Wordsearch

Mandala Wordsearch

**EASY-TO-READ PUZZLES WITH
WONDERFUL IMAGES TO COLOR IN**

LARGE PRINT

SIRIUS

SIRIUS

This edition published in 2023 by Sirius Publishing, a division of
Arcturus Publishing Limited,
26/27 Bickels Yard, 151–153 Bermondsey Street,
London SE1 3HA

Copyright © Arcturus Holdings Limited
Puzzles by Puzzle Press

ISBN: 978-1-3988-2952-7
CH011218NT

Printed in China

MEDITATIVE WORDS

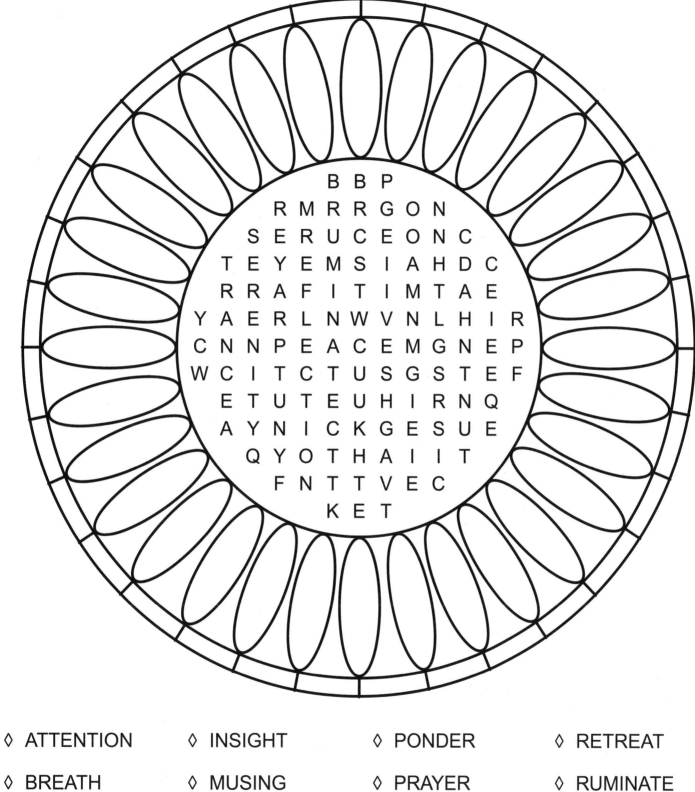

```
        B B P
      R M R R G O N
    S E R U C E O N C
  T E Y E M S I A H D C
  R R A F I T I M T A E
  Y A E R L N W V N L H I R
  C N N P E A C E M G N E P
  W C I T C T U S G S T E F
  E T U T E U H I R N Q
  A Y N I C K G E S U E
  Q Y O T H A I I T
  F N T T V E C
      K E T
```

◊ ATTENTION   ◊ INSIGHT   ◊ PONDER   ◊ RETREAT

◊ BREATH   ◊ MUSING   ◊ PRAYER   ◊ RUMINATE

◊ CALM   ◊ PEACE   ◊ QUIET   ◊ SERENITY

◊ FOCUS   ◊ PENSIVE   ◊ REFLECTION   ◊ TRANCE

MINDFULNESS

```
N O I T A T I D E M N E W
N U V S L Z U I I Z N Z A
J H L L O V I N G E E Y R
E F G I F U H V R C U U M
T G H Y M Q L G A E O Y T
E O N Q M A Y P C E D L H
M N O I T A S N E S R I P
B P N L N L F V L S A U A
P R H I S R M B D E G Q T
U A V G W A A A Z N E N I
R Q A H N I M E I C R A E
P E P T D C S N L E E R N
O S R U C J A D R S B T C
S A M E D E Z A O D C D E
E A E I M N C T P M O L H
```

◊ CARE   ◊ LOVING   ◊ PATIENCE   ◊ SPACE

◊ ENERGY   ◊ MANTRA   ◊ PURPOSE   ◊ TRANQUIL

◊ ESSENCE   ◊ MEANING   ◊ REGARD   ◊ WARMTH

◊ LEARNING   ◊ MEDITATION   ◊ SENSATION   ◊ WISDOM

◊ LIGHT   ◊ SOUL

THINGS THAT FLOW

```
            L T R
        D I A M R E W
      B Q J A H A I T H
    K U U L W R N G C A E
    I I A F E E T S M K W
    D C V R S W M O E C A L F
    E A S Y G R A V Y A O M E
    D S E T A U E V W S A I H
    G D O R P R F E V P L
    D I U T E C H I S N K
    T G O M A L K J Z
      Q G L A M E K
          S C H
```

◊ CLOUDS   ◊ JUICE   ◊ MILK   ◊ TRICKLE

◊ CREAM   ◊ LAVA   ◊ SALIVA   ◊ WATER

◊ GEYSER   ◊ LIQUID   ◊ STREAM   ◊ WAVES

◊ GRAVY   ◊ MAGMA   ◊ TIDES   ◊ WINE

FEELING JOYFUL

◊ AMUSED

◊ BLISSFUL

◊ CHARMED

◊ CHEERED

◊ ELATED

◊ FESTIVE

◊ GIDDY

◊ GLAD

◊ GLEEFUL

◊ HAPPY

◊ JOLLY

◊ JOYFUL

◊ MERRY

◊ OVERJOYED

◊ PLEASED

◊ WONDERFUL

BETTER AND BETTER

```
D A C U E V O B A T U C A
D E P N D D K Q B S L R D
Y Y R Y I E Z Z D N P Z C
R R E U K C F A E V G Q B
E E F D C N E Q S N R L S
G D E F E A V R I L Q U L
G N R H C H W S V P P L H
I U A Y O N S Q E E E V E
B O B D R E F I R W T N A
X S L Q R Y W I L L Q E L
B P E G E H O O N O M A E
G D O E C R B F V E P T D
S R T C T P G I A I R E A
P I X R E I H T R O W R Z
U W C O D E V O R P M I K
```

◊ A CUT ABOVE
◊ BIGGER
◊ CORRECTED
◊ CURED
◊ ENHANCED

◊ FINER
◊ HEALED
◊ IMPROVED
◊ NEATER

◊ NICER
◊ POLISHED
◊ PREFERABLE
◊ PROGRESSING
◊ REVISED

◊ SOUNDER
◊ SUPERIOR
◊ WELL
◊ WORTHIER

◊ BATON

◊ BRASS

◊ CELLO

◊ CHAMBER

◊ CHORUS

◊ CONCERT

◊ CRESCENDO

◊ FRENCH
   HORN

◊ LEADER

◊ MARIMBA

◊ OVERTURE

◊ PICCOLO

◊ PLAYERS

◊ SCORE

◊ TROMBONE

◊ TUNING

RELAX

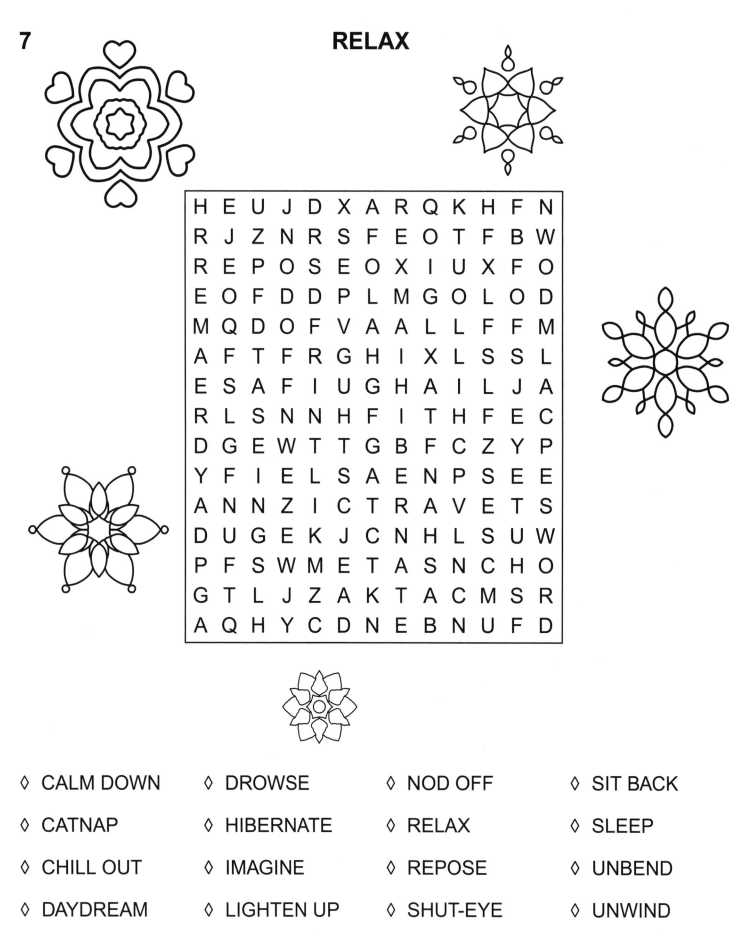

H	E	U	J	D	X	A	R	Q	K	H	F	N
R	J	Z	N	R	S	F	E	O	T	F	B	W
R	E	P	O	S	E	O	X	I	U	X	F	O
E	O	F	D	D	P	L	M	G	O	L	O	D
M	Q	D	O	F	V	A	A	L	L	F	F	M
A	F	T	F	R	G	H	I	X	L	S	S	L
E	S	A	F	I	U	G	H	A	I	L	J	A
R	L	S	N	N	H	F	I	T	H	F	E	C
D	G	E	W	T	T	G	B	F	C	Z	Y	P
Y	F	I	E	L	S	A	E	N	P	S	E	E
A	N	N	Z	I	C	T	R	A	V	E	T	S
D	U	G	E	K	J	C	N	H	L	S	U	W
P	F	S	W	M	E	T	A	S	N	C	H	O
G	T	L	J	Z	A	K	T	A	C	M	S	R
A	Q	H	Y	C	D	N	E	B	N	U	F	D

◊ CALM DOWN   ◊ DROWSE   ◊ NOD OFF   ◊ SIT BACK

◊ CATNAP   ◊ HIBERNATE   ◊ RELAX   ◊ SLEEP

◊ CHILL OUT   ◊ IMAGINE   ◊ REPOSE   ◊ UNBEND

◊ DAYDREAM   ◊ LIGHTEN UP   ◊ SHUT-EYE   ◊ UNWIND

◊ DOZE   ◊ SIESTA

YOGA POSES

```
            T S Q
        W Q R L G Y T
      S E K E M O A Z G
    G T X L E N R A T S M
    V A W N G E E Y N E K
    C L F R W I A H D H N R C
    J U F F L Y H E S A F L O
    Y F C E W A D P L T J H S
    E Z H T H N P S M F U
    E K A A A E D Y I T D
      C N K I O E B O W
        Q O T R B L Z
            M D E
```

◊ BOAT   ◊ EAGLE   ◊ LOTUS   ◊ STAFF

◊ BOW   ◊ GARLAND   ◊ MONKEY   ◊ STAR

◊ CAT   ◊ GATE   ◊ PLANK   ◊ TREE

◊ CHAIR   ◊ HERO   ◊ SPHINX   ◊ WHEEL

ASTRONOMY

```
T R U E Z M B N L I N R Z
E H B X O E P O C H E O N
M J O O E L I C N U H C L
O R N T Z P C A R X Z A E
C N E G P D O O Q F A W D
E L O C S X P C S H D T A
S A U I L A J E S M S G R
L P R S T I S U W E I V G
T I W T T A P M E M L C O
I E I Y H E R S M Y N E R
B A G P R W R R E C V N T
R K Q N X S Q P E M V Q E
O W O F U U C X U B Q P R
T V X T E N A L P P A I K
A Y R C O S M O S M A R S
```

◊ ABERRATION ◊ EARTH ◊ MARS ◊ RETROGRADE

◊ CLUSTER ◊ ECLIPSE ◊ MOON ◊ SUNS

◊ COMET ◊ EPOCH ◊ ORBIT ◊ SUPERNOVA

◊ COSMIC ◊ EUROPA ◊ PHASE ◊ TELESCOPE

◊ COSMOS ◊ PLANET

SPRING BOUQUET

```
            F M
            T S U W
          V C U I T P
        F R I T I L L A R Y
      L E A L O R A L I A Q B A P
      I H L N L O I A M P C F E Q
      L A U I E T L S L R S R B A
      Y A C I T M O O Q I T I P
      P I B R N O C M W F S A
      R L S A U N I W E N
      U I L S C N E E S A
      A L Q H K S R Y P P
      V A J L I F U V M V
          C E W     W M J
```

◊ ALLIUM   ◊ FREESIA   ◊ LILY   ◊ RAMSONS

◊ ANEMONE   ◊ FRITILLARY   ◊ MUSCARI   ◊ SCILLA

◊ AURICULA   ◊ IRIS   ◊ PANSY   ◊ TULIP

◊ CROCUS   ◊ LILAC   ◊ PERIWINKLE   ◊ VIOLET

AFFIRM

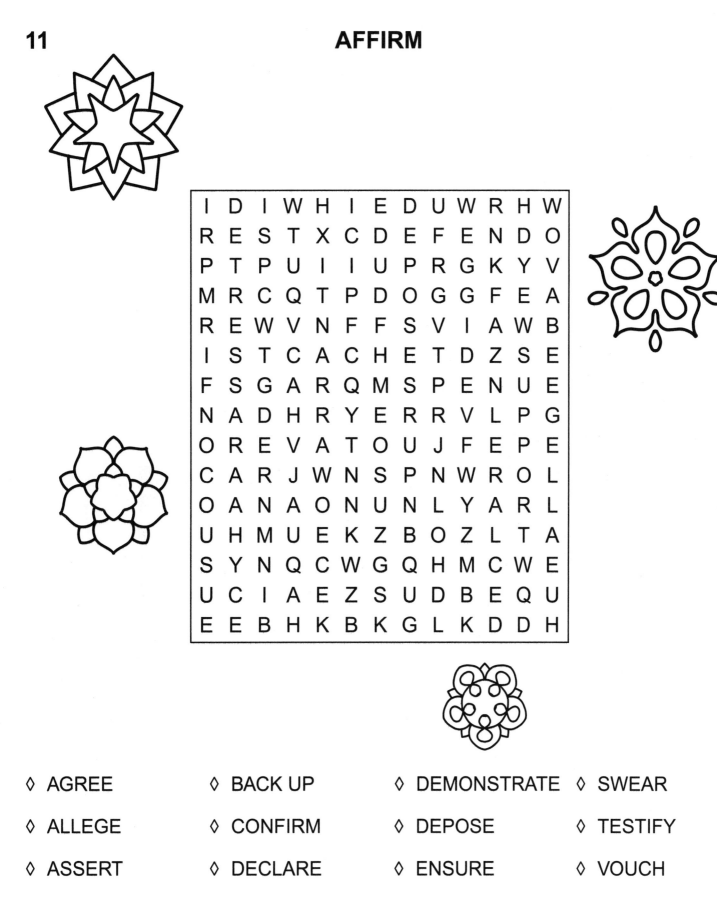

```
I D I W H I E D U W R H W
R E S T X C D E F E N D O
P T P U I I U P R G K Y V
M R C Q T P D O G G F E A
R E W V N F F S V I A W B
I S T C A C H E T D Z S E
F S G A R Q M S P E N U E
N A D H R Y E R R V L P G
O R E V A T O U J F E P E
C A R J W N S P N W R O L
O A N A O N U N L Y A R L
U H M U E K Z B O Z L T A
S Y N Q C W G Q H M C W E
U C I A E Z S U D B E Q U
E E B H K B K G L K D D H
```

◊ AGREE

◊ ALLEGE

◊ ASSERT

◊ AVER

◊ AVOW

◊ BACK UP

◊ CONFIRM

◊ DECLARE

◊ DEFEND

◊ DEMONSTRATE

◊ DEPOSE

◊ ENSURE

◊ PRONOUNCE

◊ SUPPORT

◊ SWEAR

◊ TESTIFY

◊ VOUCH

◊ WARRANT

◊ AFFECT   ◊ ENCOURAGE   ◊ INFUSE   ◊ STIR

◊ AROUSE   ◊ EXCITE   ◊ INSPIRE   ◊ SWAY

◊ CAUSE   ◊ HEARTEN   ◊ MOVE   ◊ TRIGGER

◊ CULTIVATE   ◊ INFORM   ◊ PROMPT   ◊ URGE

FISH

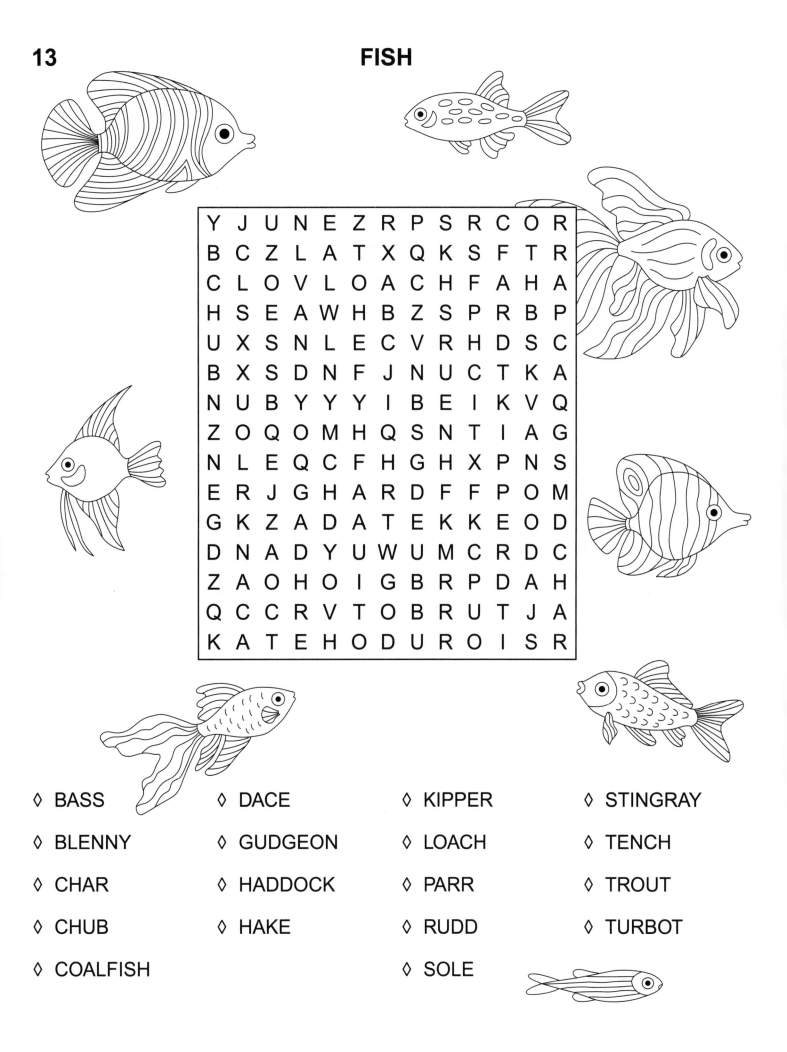

```
Y J U N E Z R P S R C O R
B C Z L A T X Q K S F T R
C L O V L O A C H F A H A
H S E A W H B Z S P R B P
U X S N L E C V R H D S C
B X S D N F J N U C T K A
N U B Y Y Y I B E I K V Q
Z O Q O M H Q S N T I A G
N L E Q C F H G H X P N S
E R J G H A R D F F P O M
G K Z A D A T E K K E O D
D N A D Y U W U M C R D C
Z A O H O I G B R P D A H
Q C C R V T O B R U T J A
K A T E H O D U R O I S R
```

◊ BASS

◊ BLENNY

◊ CHAR

◊ CHUB

◊ COALFISH

◊ DACE

◊ GUDGEON

◊ HADDOCK

◊ HAKE

◊ KIPPER

◊ LOACH

◊ PARR

◊ RUDD

◊ SOLE

◊ STINGRAY

◊ TENCH

◊ TROUT

◊ TURBOT

◊ ADORATION	◊ CUPID	◊ ENGAGED	◊ POPPET
◊ AMOUR	◊ CUTIE	◊ EROS	◊ SUGAR
◊ BRIDE	◊ DOTE	◊ GENTLE	◊ TRUE
◊ CRUSH	◊ ECSTASY	◊ IDOL	◊ VENUS

```
V S N A H K E R E H S P M
V C S Y I W S D I E G O I
E A V K R S I M B A Q G J
M R W O N G H B J L W K T
P A O V O A O W H U T N C
V U C O Z H H A U C U O T
T L S A Q B D S S A L E M
K E M S V Q J E K D A C Y
G K F U I I O E M O H G I
O Y E I F N T R O E O W J
D R L T Y A B Y A M T R F
I I I A T C S O E S N E C
N F X M B Z J A O J Y O R
A K R S R E G G I T J R U
H H B A G H E E R A S W Z
```

◊ BAGHEERA

◊ CROOKSHANKS

◊ DEMETER

◊ DIEGO

◊ DINAH

◊ FELIX

◊ GOOSE

◊ HOBBES

◊ MACAVITY

◊ MOG

◊ MUFASA

◊ SALEM

◊ SCAR

◊ SHERE KHAN

◊ SIMBA

◊ TIGGER

◊ TOM

◊ PUSS IN BOOTS

FLOWERS

```
G H I S T I E N I M S A J
Y I I Q W E R N I M L I U
S R R E D E L W E I S S U
I O B E C S C O L E K T R
A Z V U B S A I U L O U
D Q B R N O C Z J V A C D
B L U E B E L L M S L K B
E Z V I Y F D F U R A F E
B U I S L S N C N U C M C
L P N N A E O W J U N U K
I A E L L R G V Q V S Y I
T R V O C K Q I P D P M A
S I I U N T T I A P F D S
A S H E J Y N B O K S L J
H K H F M K P P O Y Y H S
```

◊ AQUILEGIA   ◊ EDELWEISS   ◊ PEONY   ◊ STOCK

◊ ASTILBE   ◊ IRIS   ◊ PINK   ◊ SUNFLOWER

◊ BLUEBELL   ◊ JASMINE   ◊ POPPY   ◊ TANSY

◊ CROCUS   ◊ LILAC   ◊ RUDBECKIA   ◊ VIOLET

◊ DAISY   ◊ SALVIA

GODDESSES

```
                    B
                  T   R   N
                S   H   I   F   T
              H   W   I   G   U   R   M
            A   A   S   P   I   Z   C   E   T
          K   E   H   G   A   D   N   E   I   Y   G
        T   Y   T   A   U   R   B   G   A   A   G   A   I
      I   O   A   A   Y   A   V   U   M   P   I   A   N   O   A
    R   J   C   A   N   A   A   D   R   N   A   A   T
      G   E   M   Y   T   V   F   O   N   C   A
        H   E   I   I   R   P   N   A   W
          Y   N   A   E   A   C   I
            F   M   N   X   M
              V   I   A
                  M
```

◊ BRIGID   ◊ FRIGG   ◊ ISHTAR   ◊ PARVATI

◊ DURGA   ◊ GUANYIN   ◊ IXCACAO   ◊ SHAKTI

◊ EPONA   ◊ HECATE   ◊ MAMI WATA   ◊ TIAMAT

◊ FREYA   ◊ INANNA   ◊ MINERVA   ◊ YEMAYA

SPRING

```
S U M Z X D H X N E L R O
P Y N N U B D F R L T X O
I D Z F H L C R O C U S K
L P J G L U D E B K J W C
U W F C H E P S I F S V U
T Y V J O B D H F E Y R C
G R A E H E C G U S T Y D
R G R M T L R A L Q D G L
O F A A N L H S I I G Q M
W J H W I L B C G Y N Z H
T Z V D C M I Y R R U G I
H O X L A Z T R L A E E I
E F E L Y L H C P I M E L
I N K L H U J F I A L D N
T T N O I T A N R E B I H
```

- ◊ APRIL
- ◊ BLUEBELL
- ◊ BUNNY
- ◊ CROCUS
- ◊ CUCKOO
- ◊ FLEDGLING
- ◊ FRESH
- ◊ GREEN
- ◊ GROWTH

- ◊ GUSTY
- ◊ HIBERNATION
- ◊ HYACINTH
- ◊ LAMBS
- ◊ LENT
- ◊ LILY
- ◊ MARCH
- ◊ MAY
- ◊ TULIPS

GARDEN POND

```
              G L Y
          U L O O R W P
        D I T D O L M E Y
      P N P T C P U D V E U
      E P A K E P D U F H D
      R S E S F N N S E E I C S
      N S B E F G C F D P L S Y
      P C B A U F S A A A T I H
        L L G L D C Y R E H H
        Z E L P S P I V P L H
        S A A K T N M G K
          C A Y O Y A I
              D N I
```

◊ ALGAE	◊ DEPTH	◊ LINER	◊ PUMP
◊ CARP	◊ GOLDFISH	◊ NYMPH	◊ ROCKS
◊ CASCADE	◊ KOI	◊ PEBBLES	◊ SLABS
◊ CLARITY	◊ LEAF NET	◊ POOL	◊ WEEDS

HERBS AND SPICES

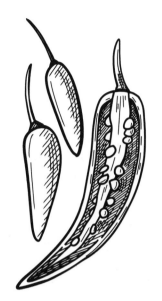

```
I H E C O R W S E R C N E
X F L C I M C S E D P M V
O R E G A N O R V N J I I
L R M J D M N A E F N F D
E U A Q F U Y A K G O A N
M C U S T O T H M P N N E
O A U M I K N E O O X I Y
N P E R F L X S F D N S G
B G M J R F S T O I U E D
A N N U E Y A H O L T R S
L R B N H F V B J L A Y E
M F N I N B O J A T S U S
L E K P A B R Z S S N E A
L G E E U Q Y U R U I P M
E F C R L K M K W G E L E
```

◊ ANISE	◊ ENDIVE	◊ JUNIPER	◊ OREGANO
◊ BASIL	◊ FENNEL	◊ LEMON BALM	◊ SAVORY
◊ CINNAMON	◊ GINGER	◊ MACE	◊ SENNA
◊ CURRY	◊ HYSSOP	◊ MUSTARD	◊ SESAME
◊ DILL		◊ NUTMEG	

WELLNESS

```
        L I A
      D E H E R D G
      S T E X F A R V B
    L E A S T E O R E I S
    A L C G L U R L N O C
  G T F S N P L I C C I B E
  H N C E S A E I I I A N P
  H E A I B F D A K L S E G
  M R B S L L I A S E E
  B E B L T O N U L C T
  G O V A C O S G K
    H M E E A M H
        Z K Z
```

◊ ADVICE   ◊ EXERCISE   ◊ HOBBIES   ◊ SKILLS

◊ BALANCE   ◊ GROUPS   ◊ LEARNING   ◊ SLEEP

◊ BELIEFS   ◊ GUIDANCE   ◊ MENTAL   ◊ SOCIAL

◊ BLOOM   ◊ HEALTH   ◊ SELF-CARE   ◊ ZEAL

VARIETIES OF ROSE

```
            M T I
        F Y O O V G N
        B R A N D Y O U G
      A I E Z Q O R E I A W
      A J N R J T I Y S G N
    M L O C E C S D D R N B A
    Y O T H E L L O T O O I U
    S V S L O D I Z A X L B G
      E E A F N W N I U I E
      G U C X R O A A L M P
        E E A E Q R A K P
          L T E T M Y Q
            T P L
```

◊ BRANDY   ◊ HONOR   ◊ LUXOR   ◊ MYRIAM

◊ ELECTRON   ◊ IDOLE   ◊ MALIBU   ◊ OTHELLO

◊ ELINA   ◊ IGUANA   ◊ MILONGA   ◊ PEACE

◊ FRENCH LACE   ◊ LOVE   ◊ MOYES   ◊ TEXAS

TEA

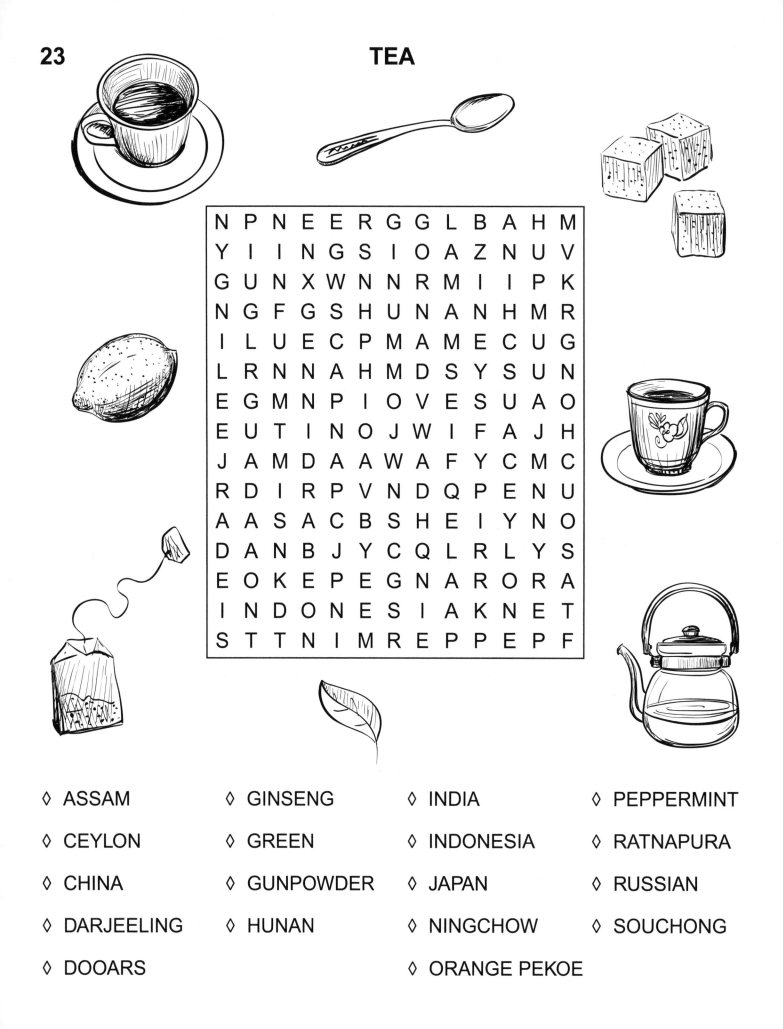

```
N P N E E R G G L B A H M
Y I I N G S I O A Z N U V
G U N X W N N R M I I P K
N G F G S H U N A N H M R
I L U E C P M A M E C U G
L R N N A H M D S Y S U N
E G M N P I O V E S U A O
E U T I N O J W I F A J H
J A M D A A W A F Y C M C
R D I R P V N D Q P E N U
A A S A C B S H E I Y N O
D A N B J Y C Q L R L Y S
E O K E P E G N A R O R A
I N D O N E S I A K N E T
S T T N I M R E P P E P F
```

◊ ASSAM
◊ CEYLON
◊ CHINA
◊ DARJEELING
◊ DOOARS
◊ GINSENG
◊ GREEN
◊ GUNPOWDER
◊ HUNAN
◊ INDIA
◊ INDONESIA
◊ JAPAN
◊ NINGCHOW
◊ ORANGE PEKOE
◊ PEPPERMINT
◊ RATNAPURA
◊ RUSSIAN
◊ SOUCHONG

```
        A C H
      W C K Q U S L
      W T A U R U S H E
    V H P B T S T A R S O
    I E L E M E N T R R E
    Z N E A B J M R B E I V E
    F I L N P V S Z A Z E U H
    O M L E S V E D V R T B S
    E R T U T I R I R H B
    G M S C N R F A T E Y
    M O G Y A H R B E
      A O A C A Z D
        N E R
```

◇ AQUARIUS   ◇ EARTH   ◇ LEO   ◇ STARS

◇ ARIES   ◇ ELEMENT   ◇ MOON   ◇ TAURUS

◇ CHART   ◇ FIRE   ◇ PLANETS   ◇ WATER

◇ CUSP   ◇ GEMINI   ◇ READING   ◇ WHEEL

BEEKEEPING

```
T L N E E U Q F G E T F J
M R D E E Y I P X K V W M
K O E V A H S L U Y S I N
G Y L E F E F D U P U Q H
W A G A S Y R A I P A I I
X L R U R E V D A I D E O
D J R D A V T G L O V E S
I E G X E X A I Z T X G G
T L Y H A N R E M P G L J
V L C G E W Z Y S E E G D
M Y P A F P S T N Z L R V
F R G C C R S E Y V H M V
O S A O R E P E E K E E B
O B M W N Y Q V W B U I E
D B O X S X Y C I G V Q L
```

◊ APIARY   ◊ FOOD   ◊ LARVAE   ◊ ROYAL JELLY

◊ BEEKEEPER   ◊ GARDEN   ◊ MITES   ◊ SWARM

◊ BEESWAX   ◊ GLOVES   ◊ NESTS   ◊ TREES

◊ COMB   ◊ HIVE   ◊ PUPAE   ◊ VEIL

◊ EGGS   ◊ QUEEN

```
U E O T S I L L A C L S C
E D K T S U G H Z S U F A
J C P M O T A W Y E F N C
G J W F M L U D T K O A S
O A Y A I P D O O R L T U
Y B N M E U R X A Y S I E
J I E Y D P Z H P G S T H
V D N R M N C S B A L P T
E S Y A O E O X M R E R E
U O O K B N D I K A Q J M
R B A E Y I M E R Q E B I
O O L J O C L I U E Z S P
P H D N G P E A R Z P T E
A P E K L L N Z C R Y Y A
A V Y G V T W X J U U X H
```

◊ ARIEL

◊ CALIBAN

◊ CALLISTO

◊ CALYPSO

◊ CHARON

◊ DEIMOS

◊ DIONE

◊ EPIMETHEUS

◊ EUROPA

◊ GANYMEDE

◊ HALIMEDE

◊ HYPERION

◊ MIMAS

◊ OBERON

◊ PHOBOS

◊ PROTEUS

◊ STYX

◊ TITAN

ADVENTUROUS

◊ BOLD

◊ BRAVE

◊ CHANCY

◊ EVENTFUL

◊ FEARLESS

◊ FOOLISH

◊ GUTSY

◊ HEROIC

◊ LION-HEARTED

◊ MADCAP

◊ OUTGOING

◊ PLUCKY

◊ RASH

◊ RISKY

◊ UNAFRAID

◊ UNCERTAIN

SHELLS

```
            O M K
      N Y S S M R P
    N S A O P A U R Y
  G T E L U T H O R W C
  E N E R S T Z E K O Q
R O N A E I A I L N Z M E
C N O T I R T E L V I N S
H K U S E O H E M U O A R
T A C O W R I E L S M
A I T I F C W A C Z P
  H R D G L B R E E
    P E M A E W Y
        C M P
```

◊ ABALONE ◊ COWRIE ◊ OYSTER ◊ STAR

◊ CERITH ◊ MORUM ◊ RAZOR ◊ TOOTH

◊ CLAM ◊ NAUTILUS ◊ SOLEN ◊ TRITON

◊ CONE ◊ NERITE ◊ SPHENIA ◊ WHELK

MAGICAL

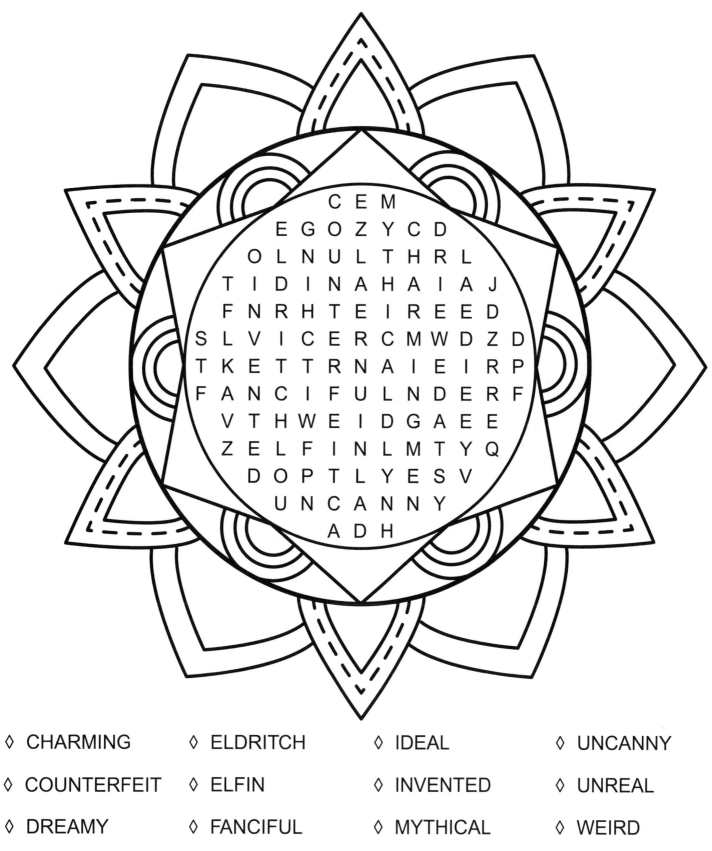

```
        C E M
      E G O Z Y C D
    O L N U L T H R L
  T I D I N A H A I A J
  F N R H T E I R E E D
S L V I C E R C M W D Z D
T K E T T R N A I E I R P
F A N C I F U L N D E R F
V T H W E I D G A E E
Z E L F I N L M T Y Q
D O P T L Y E S V
  U N C A N N Y
        A D H
```

◊ CHARMING ◊ ELDRITCH ◊ IDEAL ◊ UNCANNY

◊ COUNTERFEIT ◊ ELFIN ◊ INVENTED ◊ UNREAL

◊ DREAMY ◊ FANCIFUL ◊ MYTHICAL ◊ WEIRD

◊ EERIE ◊ FEY ◊ PRETEND ◊ WITCHING

THE GREAT OUTDOORS

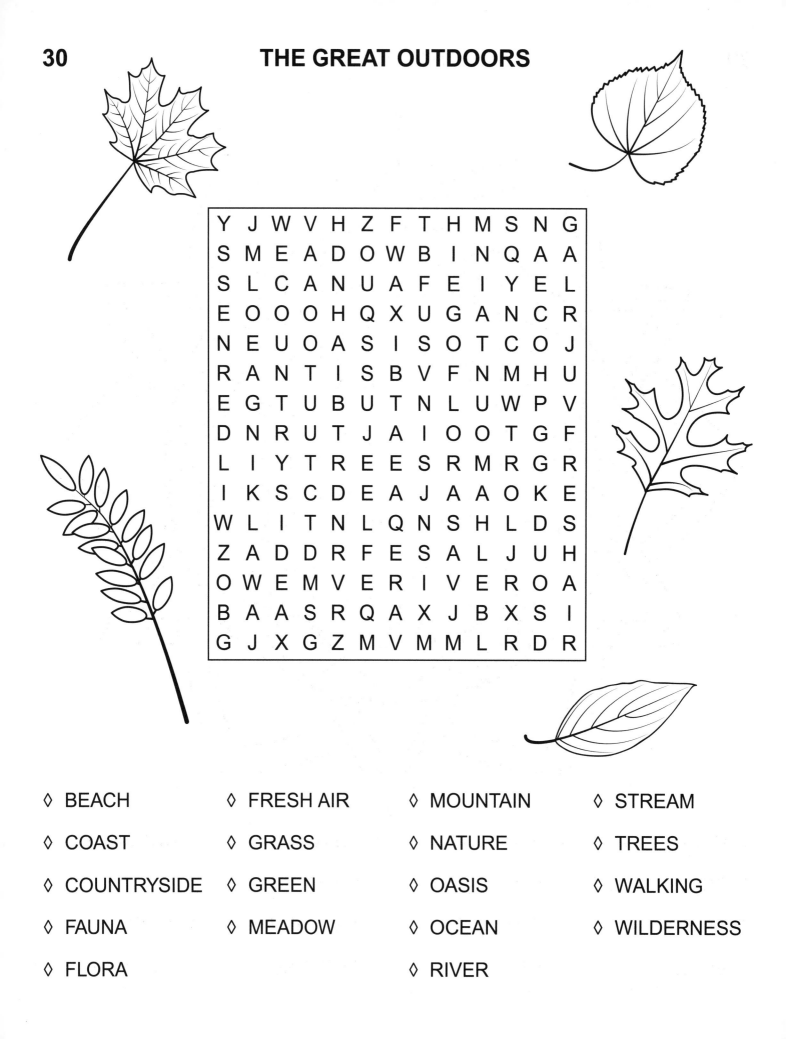

```
Y J W V H Z F T H M S N G
S M E A D O W B I N Q A A
S L C A N U A F E I Y E L
E O O O H Q X U G A N C R
N E U O A S I S O T C O J
R A N T I S B V F N M H U
E G T U B U T N L U W P V
D N R U T J A I O O T G F
L I Y T R E E S R M R G R
I K S C D E A J A A O K E
W L I T N L Q N S H L D S
Z A D D R F E S A L J U H
O W E M V E R I V E R O A
B A A S R Q A X J B X S I
G J X G Z M V M M L R D R
```

◊ BEACH　　　◊ FRESH AIR　　　◊ MOUNTAIN　　　◊ STREAM

◊ COAST　　　◊ GRASS　　　◊ NATURE　　　◊ TREES

◊ COUNTRYSIDE　　　◊ GREEN　　　◊ OASIS　　　◊ WALKING

◊ FAUNA　　　◊ MEADOW　　　◊ OCEAN　　　◊ WILDERNESS

◊ FLORA　　　　　　　◊ RIVER

```
          S Y I
      F U J U R R A
    S N E S U N D O G
    G B U C U Y A D N U S
    O R S N N K S E A U Z
    W F H U A D S U N L E S S
    B S U N D R E N C H E D S
    N N S B N I S W B V Q U S
    E S U U E U A M M N U
    H K R S D N R C S N D
    Z N F W S D U H B
    V U R E I A R
          S T T
```

◊ SUN DANCE   ◊ SUNBURN   ◊ SUN-DRENCHED   ◊ SUNLESS

◊ SUN DOG   ◊ SUNDAE   ◊ SUN-DRIED   ◊ SUNSET

◊ SUN HAT   ◊ SUNDAY   ◊ SUNDRY   ◊ SUNSUIT

◊ SUNBOW   ◊ SUNDEW   ◊ SUNKEN   ◊ SUNWARD

PHILOSOPHERS

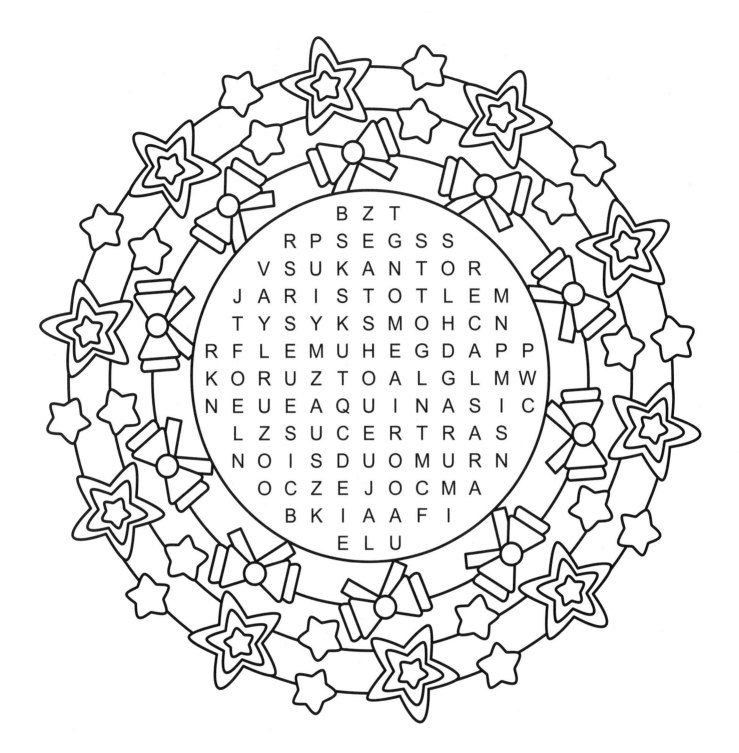

```
        B Z T
      R P S E G S S
    V S U K A N T O R
  J A R I S T O T L E M
  T Y S Y K S M O H C N
  R F L E M U H E G D A P P
  K O R U Z T O A L G L M W
  N E U E A Q U I N A S I C
  L Z S U C E R T R A S S
  N O I S D U O M U R N
  O C Z E J O C M A
    B K I A A F I
        E L U
```

◊ AQUINAS   ◊ FOUCAULT   ◊ LAO TZU   ◊ RUMI

◊ ARISTOTLE   ◊ FREUD   ◊ LOCKE   ◊ RUSSEL

◊ BENTHAM   ◊ HUME   ◊ PLATO   ◊ SARTRE

◊ CHOMSKY   ◊ KANT   ◊ ROUSSEAU   ◊ ZIZEK

BODIES OF WATER

```
        B I A A
      A M Y A R E H D
    B E E L A F I S M N
  A E S S A B F S A W B
  Y D C Z D H K K I H R B
  L H K I R J W T E L N S A C
  W H I T E S E A R E A B E K
  C P E L J V G E K O R P A A
  N K L A I Q D C O J N I R Y
  N B B O S P O R U S A E
  C A Z E U S F O F L U G
  Y A Z D Z R S S G E
    L O C H N E S S
        O I A A
```

◊ ARAL SEA   ◊ BOSPORUS   ◊ KIEL BAY   ◊ NORTH SEA

◊ BAFFIN BAY   ◊ GULF OF SUEZ   ◊ KORO SEA   ◊ PALK BAY

◊ BALTIC SEA   ◊ IRISH SEA   ◊ LAKE ERIE   ◊ RED SEA

◊ BASS SEA   ◊ KARA SEA   ◊ LOCH NESS   ◊ WHITE SEA

```
J O R P H E U S Z A E O X
E I S S E A P H J M H N I
H R E U S R X G I A C E H
T C T T X N S R D Z Y H P
E T S S D H G E J O S T L
L I U E N F S E U N P S E
E T R A U X T X N S U I D
I A C H E R O N A E R Z F
Y N O P V I R A H S U L O
J S R E R A S T E R O P E
A L P H W I E G Y N C W L
S F W F Q M A M F L C D C
O K K A O V E M I C G A A
N C V R S U N O R C M T R
I A P O C K N J B B X D O
```

- ◊ ACHERON
- ◊ AMAZON
- ◊ CLIO
- ◊ CRONUS
- ◊ HADES
- ◊ HEPHAESTUS
- ◊ JASON
- ◊ LETHE
- ◊ ORACLE OF DELPHI
- ◊ ORPHEUS
- ◊ PERSEUS
- ◊ PRIAM
- ◊ PROCRUSTES
- ◊ PROMETHEUS
- ◊ PSYCHE
- ◊ STEROPE
- ◊ STHENO
- ◊ TITANS

LAKES

◊ ABAYA

◊ BODENSEE

◊ CHAD

◊ COMO

◊ CRATER

◊ EYRE

◊ GATUN

◊ KIVU

◊ KYOGA

◊ NEAGH

◊ OHRID

◊ PRESPA

◊ PSKOV

◊ ST CLAIR

◊ TAHOE

◊ VOLVI

HOUSEPLANTS

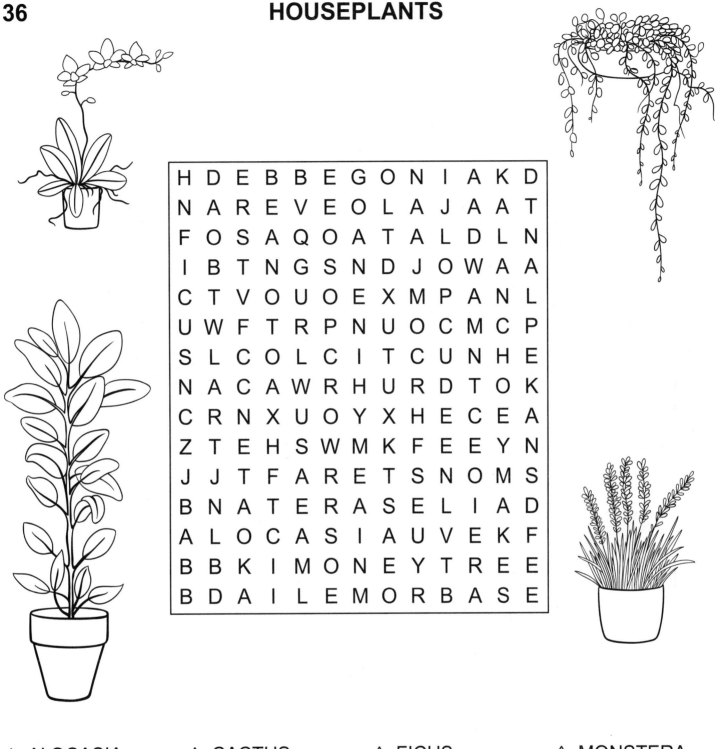

```
H D E B B E G O N I A K D
N A R E V E O L A J A A T
F O S A Q O A T A L D L N
I B T N G S N D J O W A A
C T V O U O E X M P A N L
U W F T R P N U O C M C P
S L C O L C I T C U N H E
N A C A W R H U R D T O K
C R N X U O Y X H E C E A
Z T E H S W M K F E E Y N
J J T F A R E T S N O M S
B N A T E R A S E L I A D
A L O C A S I A U V E K F
B B K I M O N E Y T R E E
B D A I L E M O R B A S E
```

◊ ALOCASIA
◊ ALOE VERA
◊ ANTHURIUM
◊ BEGONIA
◊ BROMELIAD

◊ CACTUS
◊ CROTON
◊ DRAGON TREE
◊ FERN

◊ FICUS
◊ IVY
◊ JADE PLANT
◊ KALANCHOE
◊ MONEY TREE

◊ MONSTERA
◊ POTHOS
◊ SNAKE PLANT
◊ YUCCA

COMPOSERS

```
            Y R K
        H B L W E O N
      W O L K E O B T T
    D E L I U S V L R R G
    R O S S I N I A F A A
  L Y E T S U R Z J R E B B
  N I I N T D O P R N J S Z
  Y S S O K M I E R P S A Y
  G M Z Q C N A A U B R
  B Z H T G U L A A Y A
    J W A D J R C A F
    W A R T H B S
        S B P
```

◊ ARNE   ◊ BLISS   ◊ HOLST   ◊ ROSSINI

◊ BACH   ◊ BRAHMS   ◊ LISZT   ◊ STRAUSS

◊ BARBER   ◊ BRUCKNER   ◊ MOZART   ◊ WAGNER

◊ BARTOK   ◊ DELIUS   ◊ RAVEL   ◊ WOLF

MYSTERIOUS

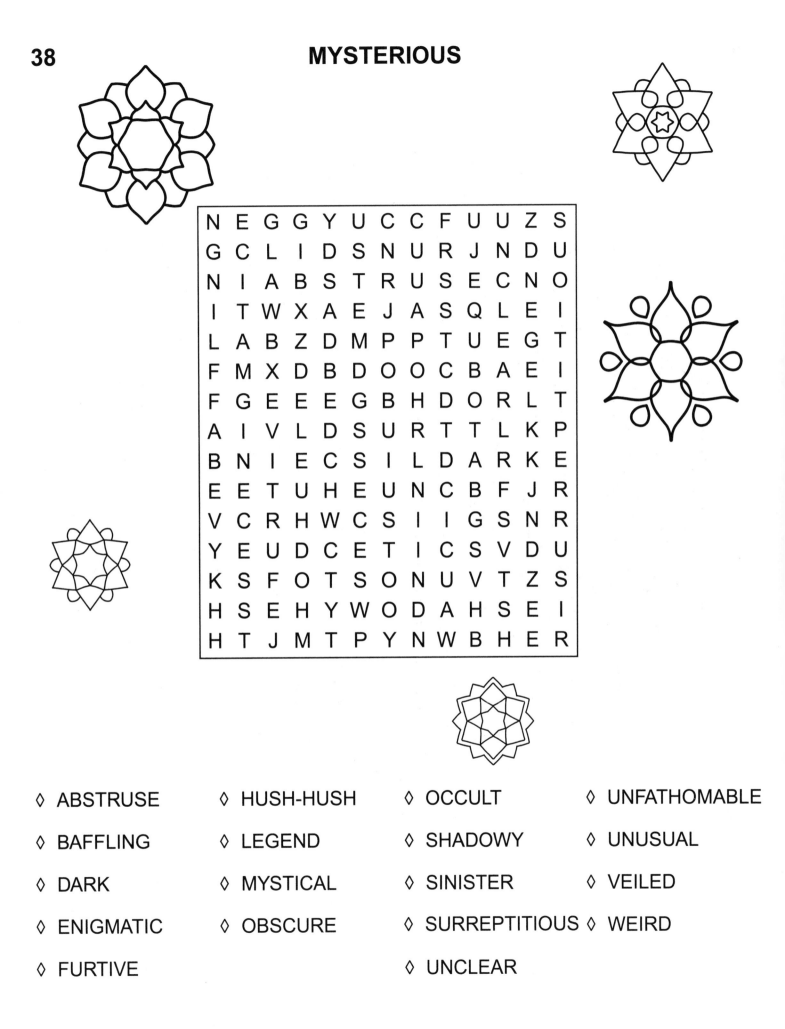

```
N E G G Y U C C F U U Z S
G C L I D S N U R J N D U
N I A B S T R U S E C N O
I T W X A E J A S Q L E I
L A B Z D M P P T U E G T
F M X D B D O O C B A E I
F G E E E G B H D O R L T
A I V L D S U R T T L K P
B N I E C S I L D A R K E
E E T U H E U N C B F J R
V C R H W C S I I G S N R
Y E U D C E T I C S V D U
K S F O T S O N U V T Z S
H S E H Y W O D A H S E I
H T J M T P Y N W B H E R
```

◊ ABSTRUSE ◊ HUSH-HUSH ◊ OCCULT ◊ UNFATHOMABLE

◊ BAFFLING ◊ LEGEND ◊ SHADOWY ◊ UNUSUAL

◊ DARK ◊ MYSTICAL ◊ SINISTER ◊ VEILED

◊ ENIGMATIC ◊ OBSCURE ◊ SURREPTITIOUS ◊ WEIRD

◊ FURTIVE ◊ UNCLEAR

BRIGHT

◊ BLAZING   ◊ GLEAMING   ◊ LURID   ◊ STARK

◊ CLEAR   ◊ HARSH   ◊ SHINING   ◊ SUNNY

◊ FIERY   ◊ INTENSE   ◊ SHOWY   ◊ TWINKLING

◊ GARISH   ◊ LIGHT   ◊ SILVERY   ◊ VIVID

WALK IN THE WOODS

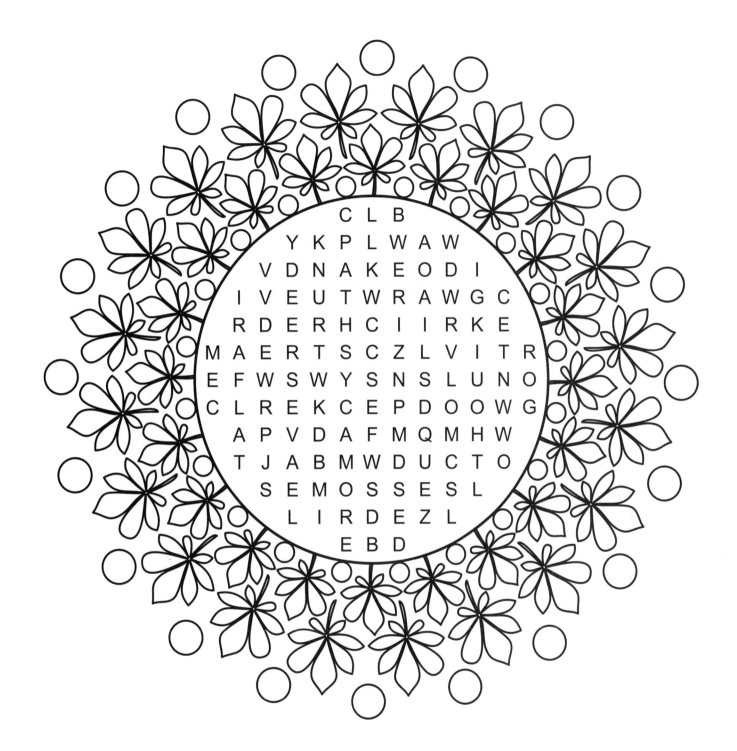

```
            C L B
        Y K P L W A W
      V D N A K E O D I
    I V E U T W R A W G C
    R D E R H C I I R K E
  M A E R T S C Z L V I T R
  E F W S W Y S N S L U N O
  C L R E K C E P D O O W G
    A P V D A F M Q M H W
    T J A B M W D U C T O
      S E M O S S E S L
        L I R D E Z L
            E B D
```

◊ BADGER   ◊ DEER   ◊ MOSSES   ◊ SYCAMORE

◊ BEECH   ◊ IVY   ◊ OWL   ◊ TRUNK

◊ CLEARING ◊ LEAVES   ◊ PATHS   ◊ WILLOW

◊ CROW   ◊ MAPLE   ◊ STREAM   ◊ WOODPECKER

CLOUDS

P	W	K	M	Y	K	S	A	N	M	Z	S	Z
P	N	D	K	P	N	I	A	R	S	X	L	O
A	L	T	O	S	T	R	A	T	U	S	I	M
C	J	G	P	I	K	C	A	L	B	H	A	V
A	I	E	N	W	U	N	D	X	O	R	R	W
G	M	N	Y	I	X	I	W	U	E	Z	T	Y
R	A	C	O	Q	W	C	Y	S	Y	C	N	Z
I	M	S	X	L	N	O	T	P	S	N	O	W
V	M	A	U	P	C	A	L	Z	L	M	C	R
L	A	M	L	E	I	Y	T	L	R	B	E	L
Y	T	P	A	L	L	B	C	O	I	D	W	L
S	U	R	R	I	C	I	T	R	N	B	H	I
C	S	Q	P	O	P	S	P	U	E	T	I	V
F	L	U	F	F	Y	S	H	C	V	R	T	N
Y	V	W	S	V	H	T	I	H	Q	X	E	A

◊ ALTOSTRATUS

◊ ANVIL

◊ BILLOWING

◊ BLACK

◊ CIRRUS

◊ CONTRAILS

◊ CYCLONIC

◊ FLUFFY

◊ MAMMATUS

◊ MARE'S TAIL

◊ PILEUS

◊ RAIN

◊ SNOW

◊ STORM

◊ THUNDER

◊ VIRGA

◊ WHITE

◊ WISPY

PEACEFUL WORDS

```
        L S T E        G E G L
      S I I S F J    C E T O L E
    E J O I U I O H O N A O I G Z
    A C O L S Q L S M I R D T W V
    D P N U I E N B F A E W S A E
    R E E N T D A O L P I H V
      O A L I U A R H M L O
      C C I T D T T E L
        C E S Y E E T
          A M I T Y
            L O R
              M
```

◊ ACCORD   ◊ GENIAL   ◊ POISE   ◊ STILL

◊ AMITY   ◊ GOODWILL   ◊ SEDATE   ◊ TEMPERATE

◊ BLISS   ◊ LOVE   ◊ SILENCE   ◊ TRANQUIL

◊ CALM   ◊ PEACE   ◊ SOFT   ◊ UNITY

◊ COMFORT   ◊ SOLITUDE

TREES AND SHRUBS

```
A E X I M T E C S M C J M
I R W B C L C F E T R O N
N O P R D B K E B O N Y F
O M N E J E Q E W K V Z C
T A R L G L E A E E A L K
G C H G D C N Y S T D H W
N Y C Z H O P R J O A J W
I S T Y A U O X O R C P I
L Y E T Z G J W P Z A M T
L W P Z E L E B A I O H H
E R L Z L S I B L R E I F
W E A Q O T U M D M B I R
M U N R U B I V E M A E T
U N E R T E V I R P L P Z
J Y E X F R D N M Y M G A
```

◊ ALDER

◊ BALM

◊ BEECH

◊ EBONY

◊ ELDER

◊ GORSE

◊ HAZEL

◊ LIME

◊ MONKEY
  PUZZLE

◊ PLANE

◊ PRIVET

◊ ROSEWOOD

◊ ROWAN

◊ SYCAMORE

◊ VIBURNUM

◊ WELLINGTONIA

◊ YEW

◊ ZEBRAWOOD

ZEAL

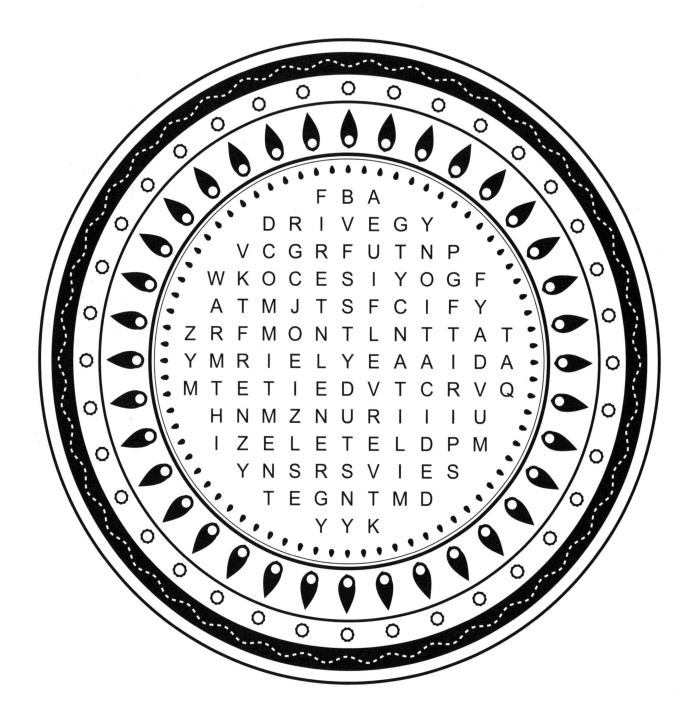

```
        F  B  A
     D  R  I  V  E  G  Y
     V  C  G  R  F  U  T  N  P
  W  K  O  C  E  S  I  Y  O  G  F
  A  T  M  J  T  S  F  C  I  F  Y
  Z  R  F  M  O  N  T  L  N  T  T  A  T
  Y  M  R  I  E  L  Y  E  A  A  I  D  A
  M  T  E  T  I  E  D  V  T  C  R  V  Q
  H  N  M  Z  N  U  R  I  I  I  U
  I  Z  E  L  E  T  E  L  D  P  M
     Y  N  S  R  S  V  I  E  S
     T  E  G  N  T  M  D
        Y  Y  K
```

◊ AVIDITY   ◊ DRIVE   ◊ GUSTO   ◊ STUDY

◊ BIGOTRY   ◊ ENERGY   ◊ INTENSITY   ◊ VERVE

◊ COMMITMENT   ◊ FIRE   ◊ MILITANCY   ◊ WARMTH

◊ DEDICATION   ◊ FRENZY   ◊ SPIRIT   ◊ ZEST

TOGETHERNESS

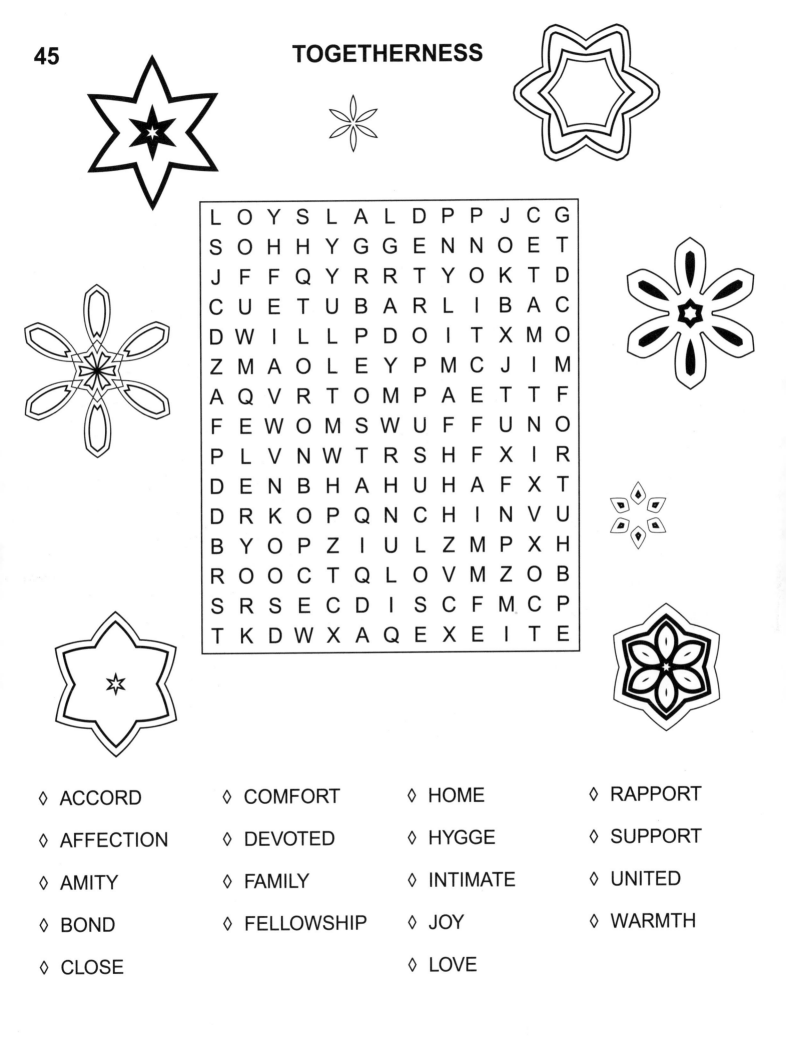

```
L O Y S L A L D P P J C G
S O H H Y G G E N N O E T
J F F Q Y R R T Y O K T D
C U E T U B A R L I B A C
D W I L L P D O I T X M O
Z M A O L E Y P M C J I M
A Q V R T O M P A E T T F
F E W O M S W U F F U N O
P L V N W T R S H F X I R
D E N B H A H U H A F X T
D R K O P Q N C H I N V U
B Y O P Z I U L Z M P X H
R O O C T Q L O V M Z O B
S R S E C D I S C F M C P
T K D W X A Q E X E I T E
```

◊ ACCORD

◊ AFFECTION

◊ AMITY

◊ BOND

◊ CLOSE

◊ COMFORT

◊ DEVOTED

◊ FAMILY

◊ FELLOWSHIP

◊ HOME

◊ HYGGE

◊ INTIMATE

◊ JOY

◊ LOVE

◊ RAPPORT

◊ SUPPORT

◊ UNITED

◊ WARMTH

"SWEET" Words

```
                U Y R
          A S S U G A R
        V J T B R R R N O
      F O C A H B E R V Z Q
      S I U E E R O V T B H
    D A H T M A C E R O T D F
    E L D E W R L A D O L F Q
    K I F L R T I M O I U C Z
    P L O B R P T O R C Z
    S A I B E Y E D N R J
    S V S T Q O A T D
      K W A O Y C S
          W B B
```

◊ ALMOND	◊ CIDER	◊ LIPS	◊ TOOTH
◊ AS SUGAR	◊ CLOVER	◊ MEATS	◊ VIOLET
◊ BASIL	◊ CORN	◊ PEAS	◊ WATER
◊ BRIAR	◊ HEART	◊ SHERRY	◊ WOODRUFF

FRUITS

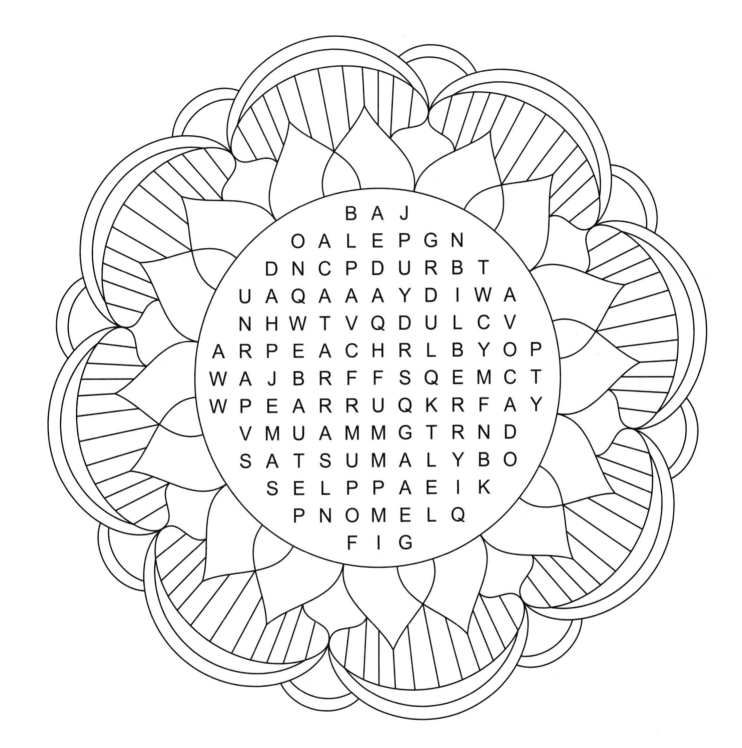

```
        B A J
      O A L E P G N
    D N C P D U R B T
  U A Q A A A Y D I W A
  N H W T V Q D U L C V
  A R P E A C H R L B Y O P
  W A J B R F F S Q E M C T
  W P E A R R U Q K R F A Y
  V M U A M M G T R N D
  S A T S U M A L Y B O
  S E L P P A E I K
  P N O M E L Q
      F I G
```

◊ APPLE ◊ BILBERRY ◊ LEMON ◊ PLUM

◊ APRICOT ◊ DATE ◊ PAWPAW ◊ SATSUMA

◊ AVOCADO ◊ FIG ◊ PEACH ◊ STAR FRUIT

◊ BANANA ◊ GUAVA ◊ PEAR ◊ UGLI

WATER

```
E Z J S S N V S P F Y Y D
J A T S E E V W H W I L
J M T E T V G S D O O L F
G X P U A E Q H H E H S O
V I L W Y H V S Z O D X E
P I X S M G S L P W W O W
D T E O H B L W L O A E K
J R L Y R A W R E U U K R
D Y Z S F J Z U N L L T B
T R Z N I S N N C L S S
M I I Z Y W V V A X I I U
E A R B N F K H H E O S R
R D D A B W D B C N C A F
V R D J J L X Y A C D O H
I S W Y T N E R R O T V C
```

◊ CHANNEL   ◊ FLOOD   ◊ OCEAN   ◊ SURF

◊ DILUTE   ◊ GEYSER   ◊ PIPES   ◊ SWELL

◊ DRIBBLE   ◊ HOSE   ◊ RAINFALL   ◊ TORRENT

◊ DRIZZLE   ◊ OASIS   ◊ SHOWER   ◊ WAVES

◊ EDDY   ◊ SPOUT

T O H R
K K M N A G E T
U F Y S H P N C C K
Q V I L A Z P I I L S H
V N K L O A Y N T Q W I
B E A C H R W C E S D I K D
K V Y C K F I E D L U M I F
Y O F L A P Y Y R O F M N D
N Z V V U T Z S A S U I G T
N A W W S I G G H T N Q
I I H I D P O C V D G P
K R B E P P N P K H
M A E R C E C I
W Q Z D

◊ BEACH ◊ HAPPY ◊ HUMID ◊ SOLSTICE

◊ FLOWERS ◊ HAZY ◊ ICE CREAM ◊ SWIMMING

◊ GARDENING ◊ HIKING ◊ PARK ◊ VACATION

◊ HALCYON ◊ HOT ◊ PICNIC ◊ WEEDS

WEATHER

```
C B W P W N T V P Y L F N
P Y A V G S O C F D R T X
R E H B E L E M E N T S F
Y X T P R G O Y F I Q A Y
J N M E U I Z O R W G H E
Z E I L M A G X M I S T Y
T K E A H P M H Y Y G L B
J D T O R R E N T G V S A
O R T A B I B R G J O O Z
N I K V Y J Q M A U V O L
J F C E G G A F T T F E D
S T U M S K G L V J U G D
L I T Y P H O O N Z O R W
O N R N J O L L F M V J E
G G K C K J R S S D T H R
```

◊ BRIGHT

◊ DELUGE

◊ DRIFTING

◊ ELEMENTS

◊ FOGGY

◊ GLOOMY

◊ GOOD

◊ HAZY

◊ MISTY

◊ OUTLOOK

◊ RAINY

◊ SMOG

◊ TEMPERATURE

◊ TEMPEST

◊ THAW

◊ TORRENT

◊ TYPHOON

◊ WINDY

HAPPY

◊ BLESSED   ◊ GLAD   ◊ LIVELY   ◊ PERKY

◊ BLITHE   ◊ JOCUND   ◊ LUCKY   ◊ SMILING

◊ CONTENT   ◊ JOLLY   ◊ MERRY   ◊ SUNNY

◊ DELIGHTED   ◊ JOYFUL   ◊ MIRTHFUL   ◊ UPBEAT

PERFECT

```
G C E N E C T C A X E W H
P E E R L E S S P W I J I
Y Y J Y U U N M A R R E D
D F A W F P O H L N T T E
M E I L P R E C I S E A L
O M C N U H Z A M J X M B
D B H N I F B E R V T M A
E S Y D E S R T C J B U C
L G E L O I H E Y M O S C
E A B L F O R E D I O N E
L N U P R F X E D N K O P
Q T T O B B G O P T O C M
E H U I U I Y P I X E W I
P G R N R C O M P L E T E
H I I D V E U R X X Y P Y
```

◊ ABSOLUTE ◊ EXPERIENCED ◊ MINT ◊ TEXTBOOK

◊ COMPLETE ◊ FINISHED ◊ MODEL ◊ THOROUGH

◊ CONSUMMATE ◊ IDEAL ◊ PEERLESS ◊ UNMARRED

◊ ENTIRE ◊ IMPECCABLE ◊ PRECISE ◊ WONDERFUL

◊ EXACT ◊ PURE

STORMY WEATHER

```
          K M H
        G L O O M Y E
      W I N D Y F N S L
      W E S G G S A H T I Y
    Q O A U Y C O O S G Z
    D O L S H I W R Z A H E I
    N E T L R E R O R R T E D
    S Y U R R E A A L T N R C
      U U S N C G V J B I B
      H J T M I S T Y Z N V
      N O N U A J Z O G
        G E G U L E D
          B E W
```

◊ BLOWY   ◊ GALES   ◊ HURRICANE   ◊ RAGING

◊ BREEZY   ◊ GLOOMY   ◊ LIGHTNING   ◊ SHOWERS

◊ DELUGE   ◊ GUSTY   ◊ MISTY   ◊ TORRENT

◊ DRIZZLE   ◊ HEAVY   ◊ MONSOON   ◊ WINDY

GREEN THINGS

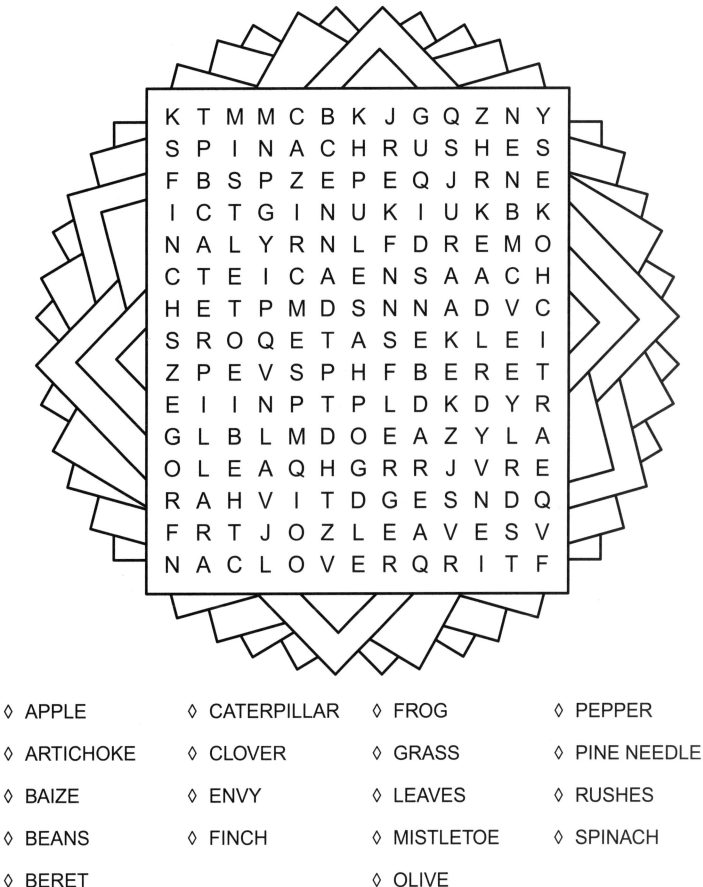

```
K T M M C B K J G Q Z N Y
S P I N A C H R U S H E S
F B S P Z E P E Q J R N E
I C T G I N U K I U K B K
N A L Y R N L F D R E M O
C T E I C A E N S A A C H
H E T P M D S N N A D V C
S R O Q E T A S E K L E I
Z P E V S P H F B E R E T
E I I N P T P L D K D Y R
G L B L M D O E A Z Y L A
O L E A Q H G R R J V R E
R A H V I T D G E S N D Q
F R T J O Z L E A V E S V
N A C L O V E R Q R I T F
```

◊ APPLE ◊ CATERPILLAR ◊ FROG ◊ PEPPER

◊ ARTICHOKE ◊ CLOVER ◊ GRASS ◊ PINE NEEDLE

◊ BAIZE ◊ ENVY ◊ LEAVES ◊ RUSHES

◊ BEANS ◊ FINCH ◊ MISTLETOE ◊ SPINACH

◊ BERET ◊ OLIVE

DREAMS

```
L W U S S E C C U S F K O
K M P Q Y G L D M P N T A
G F N E W J O B L C Z P S
F O N Y I R U T I Y R L R
H O V O S Y D A P H A E G
E D R K I A S U M M W N J
Y V V T C T T X I K I Q F
L W O D U I I N Z T E Q S
I D O L H N A N A I S T N
M C A R P C E O G F E V E
A R Y I K Y L V O O H U I
F O C O F F I N S H C V L
H W N N N T B V S O I E A
O D K X R E H T O M R W R
A S T G B M W R M E Q T R
```

◊ ALIENS   ◊ FAMILY   ◊ FORTUNE   ◊ RECOGNITION

◊ ANIMALS   ◊ FANTASY   ◊ HOME   ◊ RICHES

◊ CLOUDS   ◊ FLOATING   ◊ LOVE   ◊ SUCCESS

◊ COFFINS   ◊ FOOD   ◊ MOTHER   ◊ WORK

◊ CROWDS   ◊ NEW JOB

```
          P R E
      R M S N A I L
    A L T A N G B Y W
  J E P L W S S L B H M
  P M W H L J F H O I O
G O I B U I N U V R T T Y
J P M G W E D O W P E L O
V E L T E E B A E L F W L
N E R W O E Q F W L P
T G L W L N V A O Y Z
W F O Y R S I J P
  M O U S E T L
      K O G
```

◇ APHID

◇ FLEA BEETLE

◇ GNAT

◇ GREENFLY

◇ MOLE

◇ MOUSE

◇ PIGEON

◇ RABBIT

◇ SAWFLY

◇ SHREW

◇ SLUG

◇ SNAIL

◇ WASP

◇ WEEVIL

◇ WHITEFLY

◇ WREN

KITCHEN GARDEN

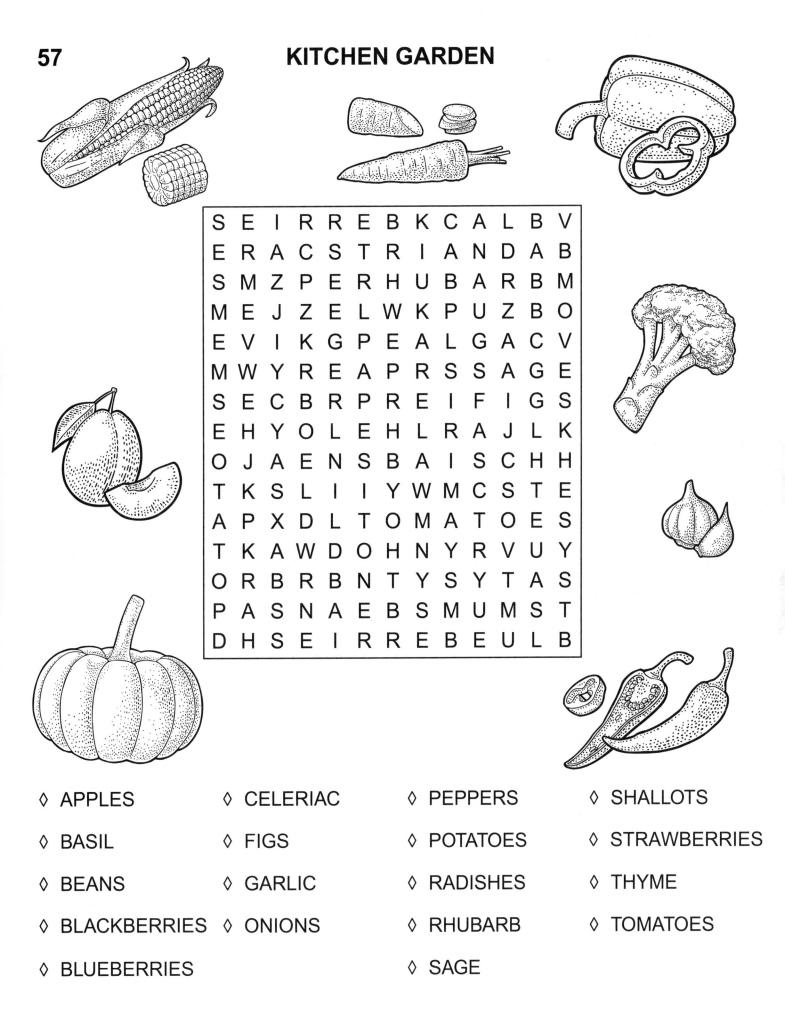

```
S E I R R E B K C A L B V
E R A C S T R I A N D A B
S M Z P E R H U B A R B M
M E J Z E L W K P U Z B O
E V I K G P E A L G A C V
M W Y R E A P R S S A G E
S E C B R P R E I F I G S
E H Y O L E H L R A J L K
O J A E N S B A I S C H H
T K S L I I Y W M C S T E
A P X D L T O M A T O E S
T K A W D O H N Y R V U Y
O R B R B N T Y S Y T A S
P A S N A E B S M U M S T
D H S E I R R E B E U L B
```

◊ APPLES   ◊ CELERIAC   ◊ PEPPERS   ◊ SHALLOTS

◊ BASIL   ◊ FIGS   ◊ POTATOES   ◊ STRAWBERRIES

◊ BEANS   ◊ GARLIC   ◊ RADISHES   ◊ THYME

◊ BLACKBERRIES   ◊ ONIONS   ◊ RHUBARB   ◊ TOMATOES

◊ BLUEBERRIES   ◊ SAGE

DESERTS

```
            G L V
        S Y R I A N A
        N M M E B I M A N
      J U O T A Y M N S T I
      U T J S T A C M A B G
    E R O A Y B N C N O N S V
    D T D V G A I A G U I R K
    Z U N E N S M G B M A A S
      N F O Y I G I P H V O
      P E A M N A S T I D V
        G G N N O M R R K
        J E N J I O R
            V A R
```

◊ AN NAFUD   ◊ KAVIR   ◊ NAMIB   ◊ SIMPSON

◊ GIBSON   ◊ LIBYAN   ◊ NEGEV   ◊ SYRIAN

◊ GOBI   ◊ MOJAVE   ◊ NUBIAN   ◊ TANAMI

◊ GREAT BASIN   ◊ MONTE   ◊ ORDOS   ◊ THAR

◊ BRUSHING

◊ BURMESE

◊ CHESHIRE

◊ CLAWS

◊ COLLAR

◊ CURIOSITY

◊ CUTE

◊ FLEAS

◊ GARFIELD

◊ HAIRS

◊ KITTY

◊ MANX

◊ MIAOWING

◊ MOUSE

◊ NINE LIVES

◊ PURRING

◊ QUEEN

◊ TAIL

```
Z O P E V T U Z N V L Q K
R U T K N I N E L I V E S
T U A K L R E B O E W X S
C D I M T U C U E S R J Q
D B L C Q X A R S O B X S
G N I W O A I M U J P K C
N X D A G L D E O G H U U
I C O L L A R S M V R P I
H S H U E M U E B I P Z M
S A I E C I W N O U S U A
U E I K S Z F S R N W G O
R L P R I H I R U M A N X
B F V M S T I D A K L F K
G Q P M Y N T R E G C G H
J V J M G X E Y E N C K X
```

STARS

◊ ALTAIR	◊ ETAMIN	◊ MERAK	◊ POLLUX
◊ ATLAS	◊ FOMALHAUT	◊ MIMOSA	◊ PROCYON
◊ CAPELLA	◊ HADAR	◊ MIZAR	◊ RIGEL
◊ CASTOR	◊ KOCAB	◊ NIHAL	◊ VEGA

FILLED WITH AWE

```
N T S R E D E B R O S B A
C A P T I V A T E D W D A
D Y W D I N H M H K E V E
E D D E I R Q L A S O V S
N E E R S W R D S Z V D P
N C T I F T H E G B E C E
U N A P C N R D D L R D L
T A L S E P E U I I W T L
S R U N M S I G C D H P B
Q T M I U M H G B K E A O
R N I H X T R X L L R U N
J E T M E B D E V O M R N
L N S D T V Q T W Y E Q D
E N T H R A L L E D D Z V
Z H G D D E D N U O T S A
```

◊ ABSORBED ◊ DELIGHTED ◊ IMPRESSED ◊ SPELLBOUND

◊ AMAZED ◊ ENTHRALLED ◊ INSPIRED ◊ STIMULATED

◊ ASTOUNDED ◊ ENTHUSED ◊ MOVED ◊ STIRRED

◊ AWESTRUCK ◊ ENTRANCED ◊ OVERWHELMED ◊ STUNNED

◊ CAPTIVATED ◊ RAPT

MARINE LIFE

B	G	F	X	E	R	U	M	M	S	C	X	K
C	P	S	A	B	W	M	G	K	H	J	O	P
J	V	G	B	N	Q	S	P	K	R	A	H	S
M	A	N	A	T	E	E	O	E	I	T	B	A
J	N	A	L	S	N	B	J	E	M	X	K	N
O	L	O	Q	C	T	H	I	E	P	F	W	O
B	G	P	T	X	E	R	N	G	L	A	C	I
L	A	A	Z	K	W	A	O	Z	R	O	G	L
A	C	R	B	O	N	A	P	P	Q	T	Q	A
R	L	W	C	A	L	A	H	Q	O	C	F	E
O	D	L	A	R	L	W	L	A	L	D	E	S
C	R	K	I	L	D	O	L	P	H	I	N	X
D	L	C	E	R	R	Y	N	H	R	O	B	C
N	F	A	A	L	K	U	V	E	K	J	B	C
E	H	H	M	C	P	R	S	Z	X	N	I	Q

◊ ABALONE ◊ DOLPHIN ◊ MANATEE ◊ SEA LION

◊ CLAM ◊ GASTROPOD ◊ MUREX ◊ SHARK

◊ CORAL ◊ KELP ◊ ORCA ◊ SHRIMP

◊ COWRIE ◊ KRILL ◊ PLANKTON ◊ WALRUS

◊ CRAB ◊ PRAWN

WILD FLOWERS

◊ ARUM

◊ ASTER

◊ AVENS

◊ BRYONY

◊ BUGLE

◊ COMFREY

◊ FLAX

◊ HOP

◊ LILY

◊ MALLOW

◊ NETTLE

◊ OXLIP

◊ TANSY

◊ TARE

◊ TEASEL

◊ VIOLET

```
O C I S U M G N I Y A L P
M O M P D D R A W I N G M
F O R E A D I N G S E N D
G F U L N I A N Y B D I E
A J O R C D N O A S W M C
K G N G I R R T T Y S M L
O N O S N W H A I E C I U
R I I Y G I R V M N W W T
I G T G N G H A Y M G S T
G N A G A G G C D X W W E
A I T Z A H T M T L K H R
M S I V C R U N N I N G I
I N D B Z H Y B P G W S N
G A E T K N I R D H O S G
E R M E R A E G A S S A M
```

◊ BATHING   ◊ PAINTING

◊ DANCING   ◊ PLAYING MUSIC

◊ DECLUTTERING   ◊ READING

◊ DRAWING   ◊ RUNNING

◊ DRINK TEA   ◊ SINGING

◊ GAMES   ◊ STARGAZING

◊ MASSAGE   ◊ SWIMMING

◊ MEDITATION   ◊ SWITCHING OFF

◊ ORIGAMI   ◊ YOGA

CITRUS FRUITS

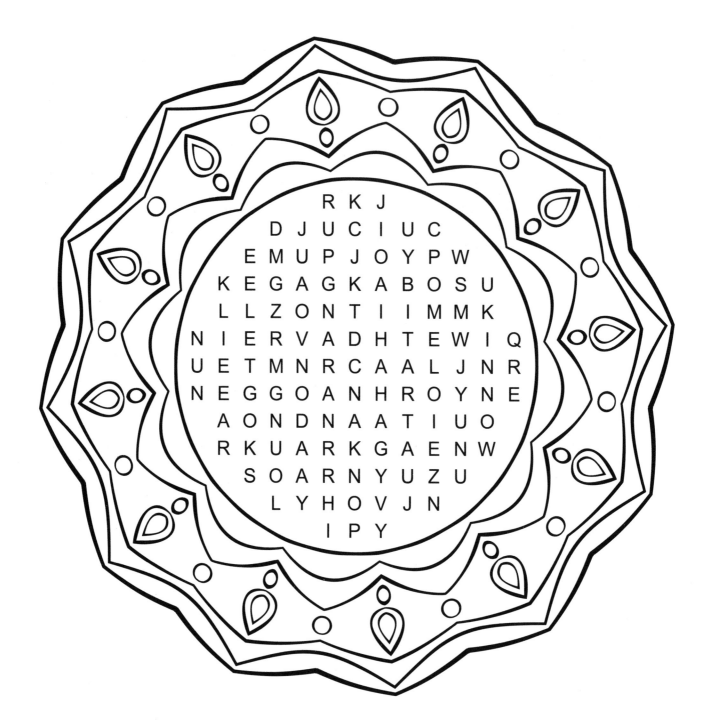

```
        R K J
      D J U C I U C
    E M U P J O Y P W
  K E G A G K A B O S U
  L L Z O N T I I M M K
  N I E R V A D H T E W I Q
  U E T M N R C A A L J N R
  N E G G O A N H R O Y N E
  A O N D N A A T I U O
  R K U A R K G A E N W
    S O A R N Y U Z U
      L Y H O V J N
        I P Y
```

◊ ETROG   ◊ KIYOMI   ◊ ORANGE   ◊ SUDACHI

◊ IYOKAN   ◊ LARAHA   ◊ POMELO   ◊ TANGOR

◊ KABOSU   ◊ LEMON   ◊ PONKAN   ◊ UGLI

◊ KINNOW   ◊ MANDARIN   ◊ RANGPUR   ◊ YUZU

SOLUTIONS

SOLUTIONS

1

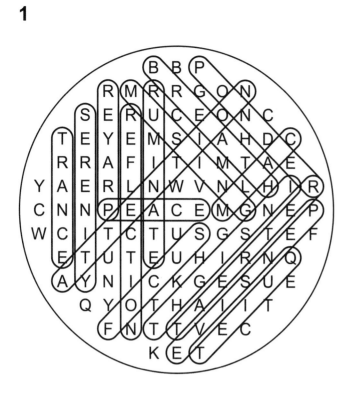

2

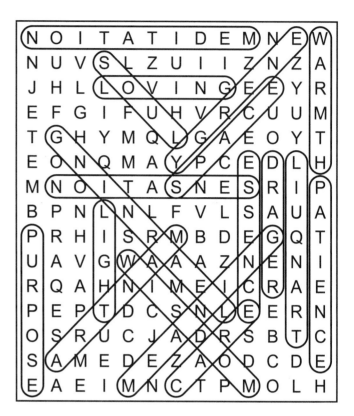

3

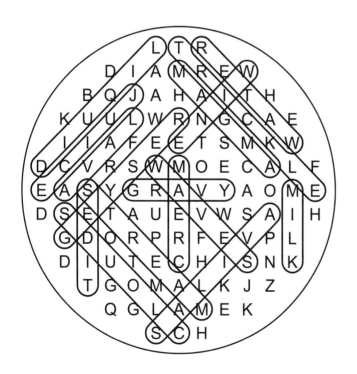

4

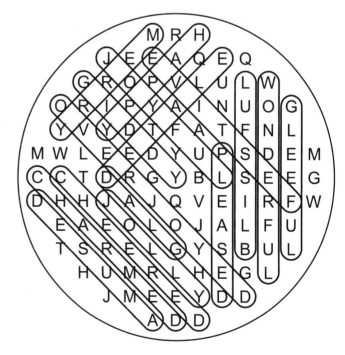

5

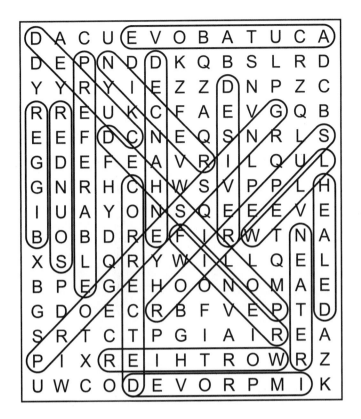

6

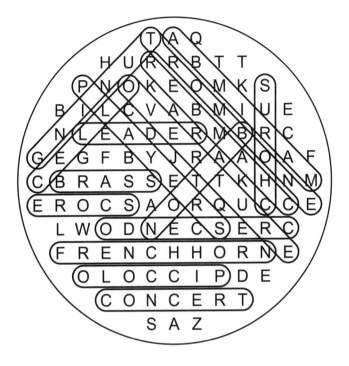

7

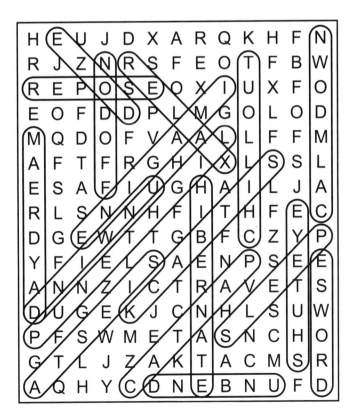

8

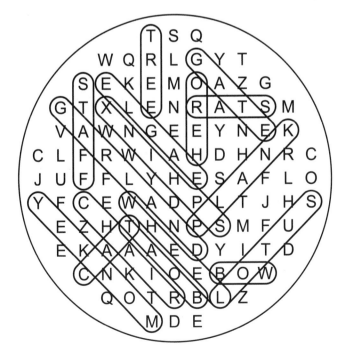

9

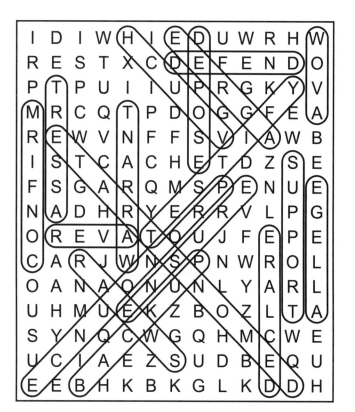

10

11

12

13

14

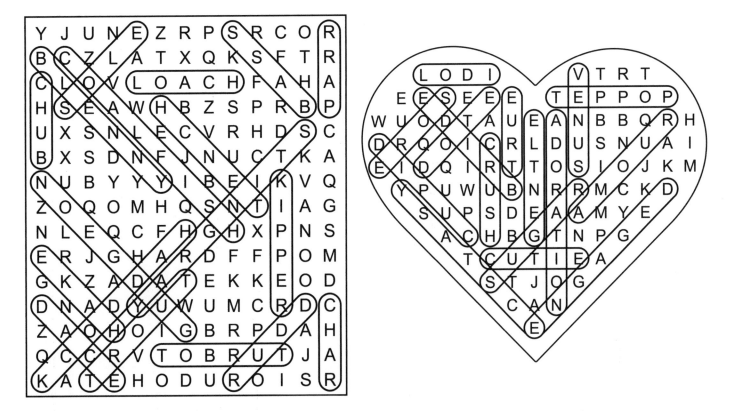

15

16

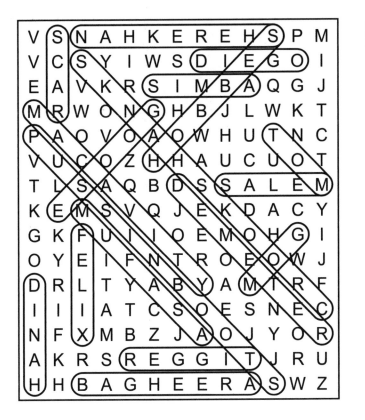

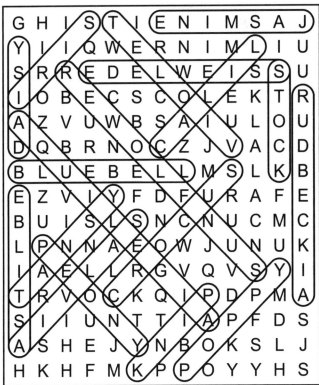

17

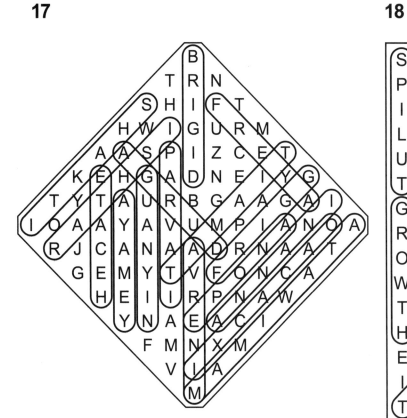

18

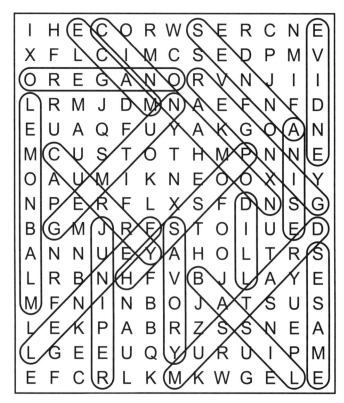

19

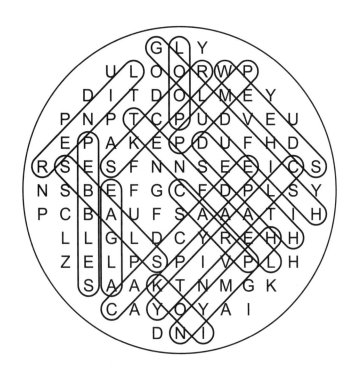

20

21

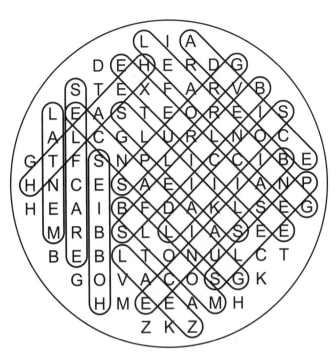

22

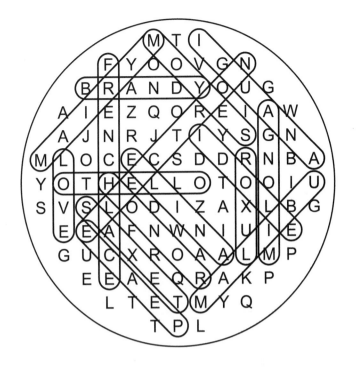

23

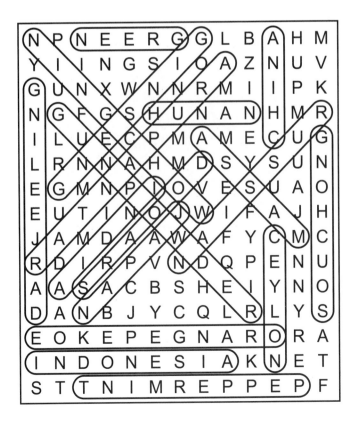

24

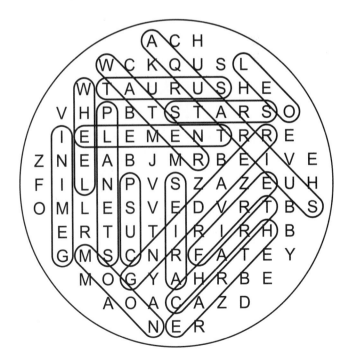

25

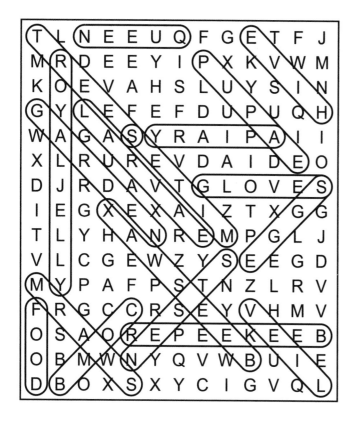

26

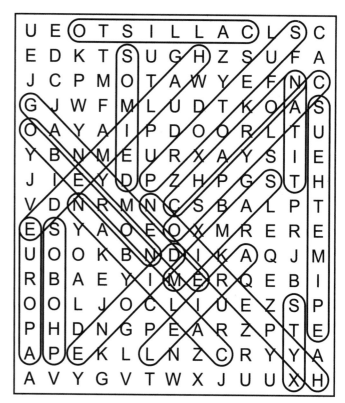

27

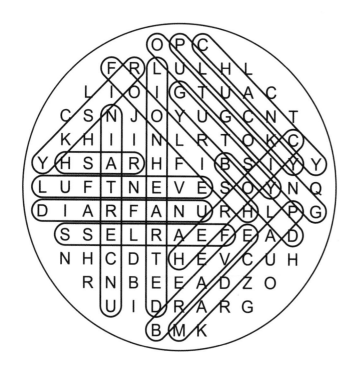

28

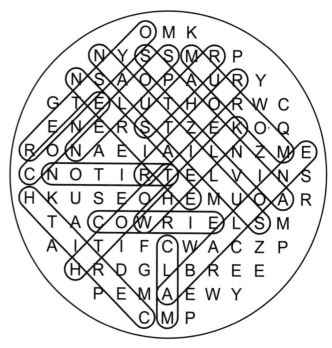

29

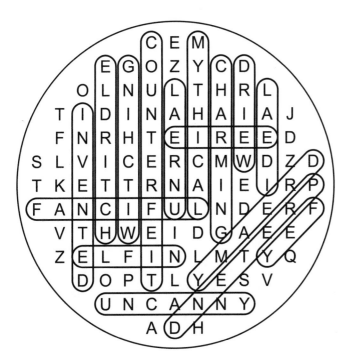

30

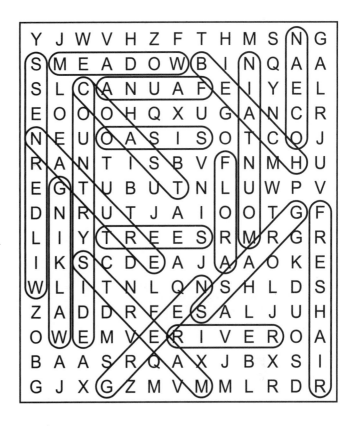

31

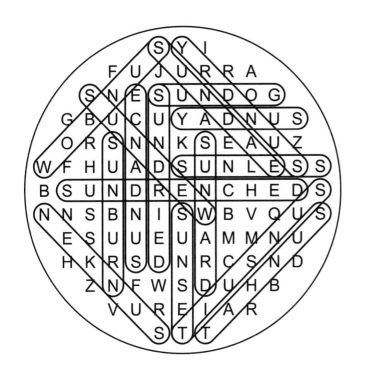

32

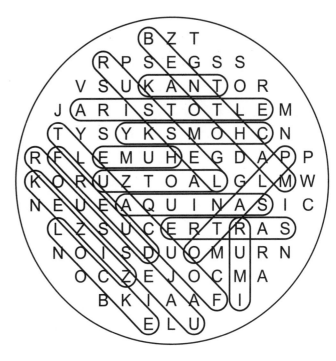

33

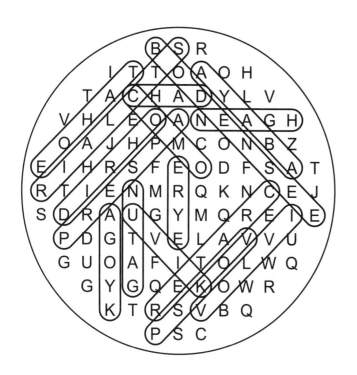

34

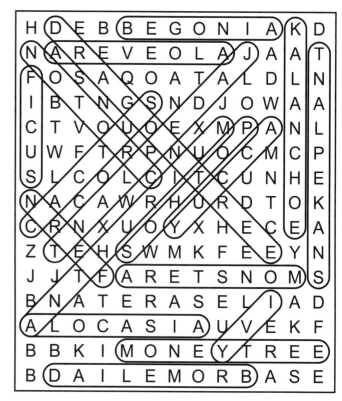

35

36

37

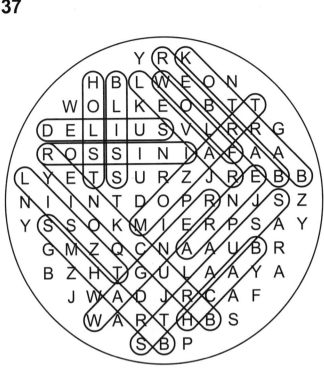

38

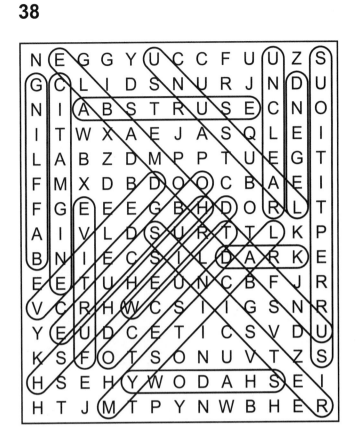

39

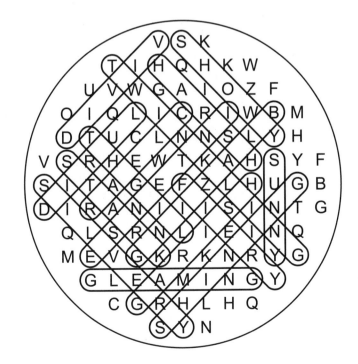

40

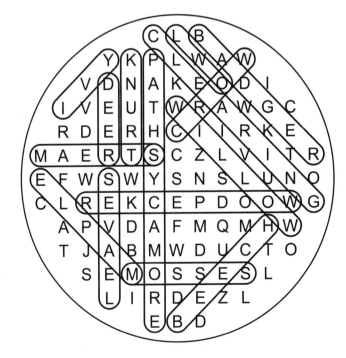

41

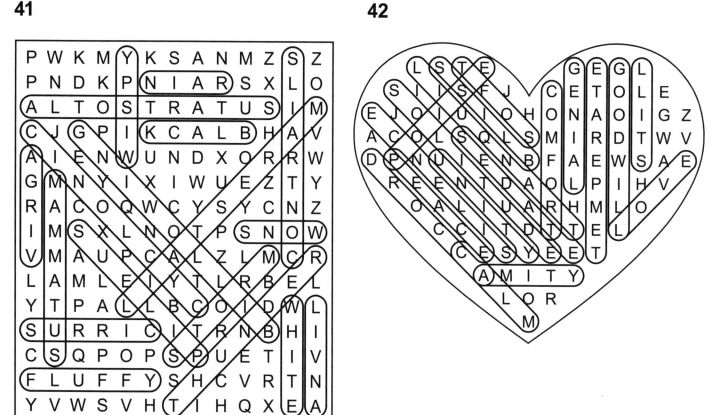

42

43

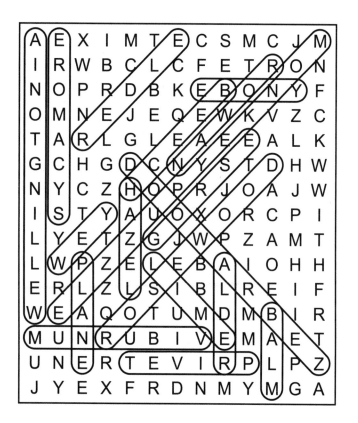

44

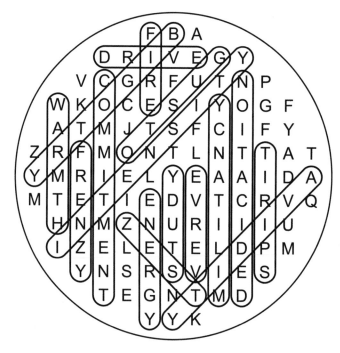

45

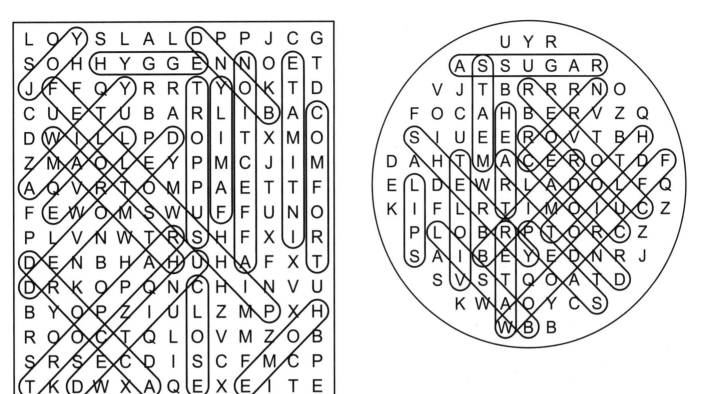

```
L O Y S L A L D P P J C G
S O H H Y G G E N N O E T
J F F Q Y R R T Y O K T D
C U E T U B A R L I B A C
D W I L L P D O I T X M O
Z M A O L E Y P M C J I M
A Q V R T O M P A E T U F
F E W O M S W U F S U N O
P L V N W T R S H F X I R
D E N B H A H U H A F X T
D R K O P Q N C H I N V U
B Y O P Z I U L Z M P X H
R O O C T Q L O V M Z O B
S R S E C D I S C F M C P
T K D W X A Q E X E I T E
```

46

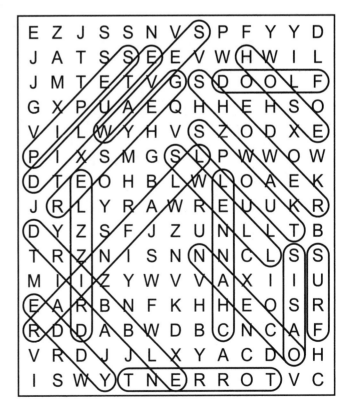

```
        U Y R
      A S S U G A R
    V J T B R R R N O
  F O C A H B E R V Z Q
  S I U E E R O V T B H
D A H T M A C E R O T D F
E L D E W R L A D O L F Q
K I F L R T I M O I U C Z
  P L O B R P T O R C Z
  S A I B E Y E D N R J
    S V S T Q O A T D
    K W A O Y C S
        W B B
```

47

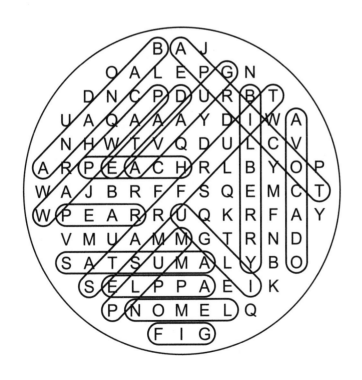

```
        B A J
      O A L E P G N
    D N C P D U R B T
  U A Q A A A Y D I W A
  N H W T V Q D U L C V
  A R P E A C H R L B Y O P
  W A J B R F F S Q E M C T
  W P E A R R U Q K R F A Y
  V M U A M M G T R N B
  S A T S U M A L Y B O
  S E L P P A E I K
    P N O M E L Q
      F I G
```

48

```
E Z J S S N V S P F Y Y D
J A T S S E E V W H W I L
J M T E T V G S D O O L F
G X P U A E Q H H E H S O
V I L W Y H V S Z O D X E
P I X S M G S L P W W O W
D T E O H B L W L O A E K
J R L Y R A W R E U U K R
D Y Z S F J Z U N L L T B
T R Z N I S N N N C L S S
M I I Z Y W V A X I I U R
E A R B N F K H H E O S F
R D D A B W D B C N C A F
V R D J J L X Y A C D O H
I S W Y T N E R R O T V C
```

49

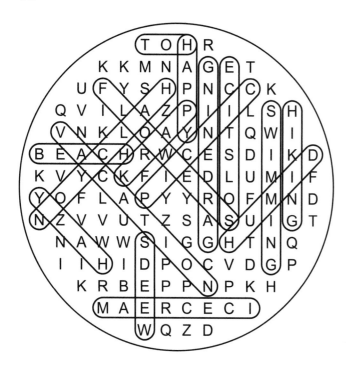

50

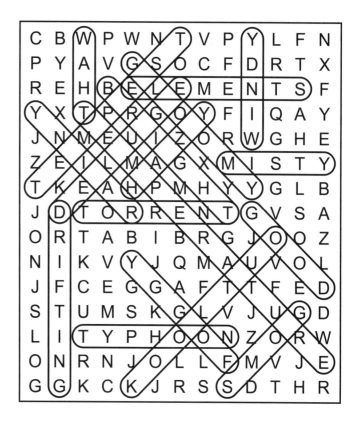

51

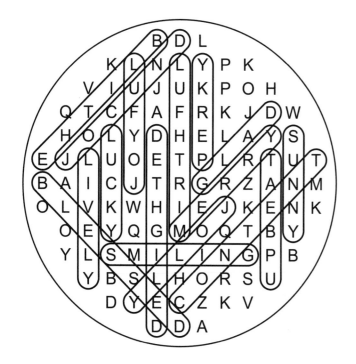

52

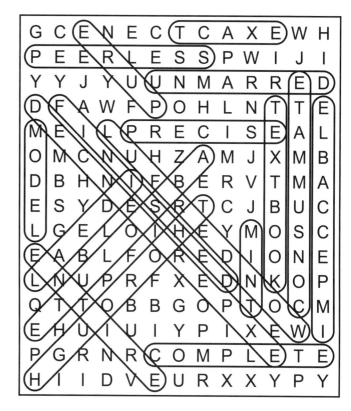

53

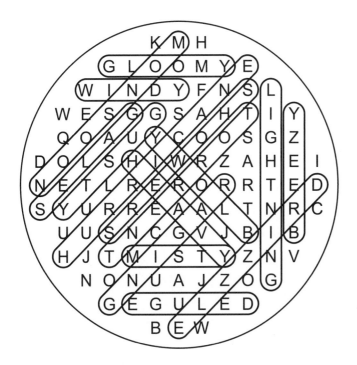

54

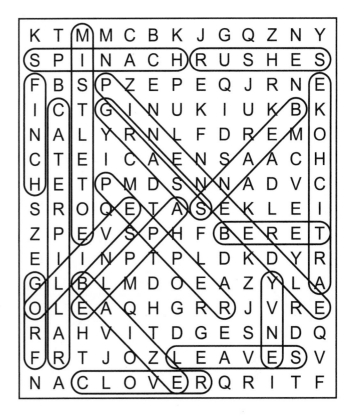

55

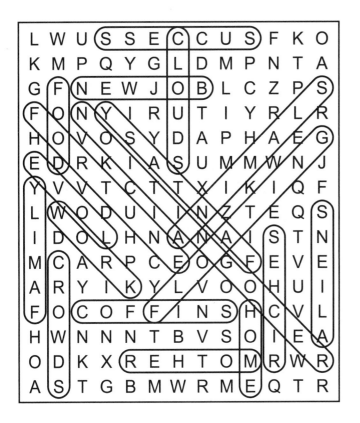

56

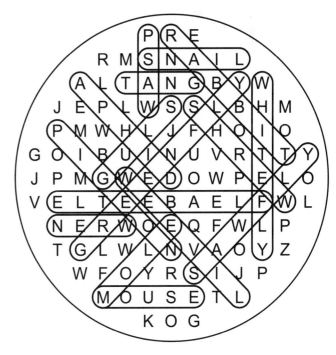

57

```
S E I R R E B K C A L B  V
E R A C S T R I A N D A B
S M Z P E R H U B A R B M
M E J Z E L W K P U Z B O
E V I K G P E A L G A C V
M W Y R E A P R S A G E
S E C B R P E F I G S
E H Y O L E H L R A J L K
O J A E N S B A I S C H H
T K S L I I Y W M C S T E
A P X D L T O M A T O E S
T K A W D O H N Y R V U Y
O R B R B N T Y S Y T A S
P A S N A E B S M U M S T
D H S E I R R E B E U L B
```

58

59

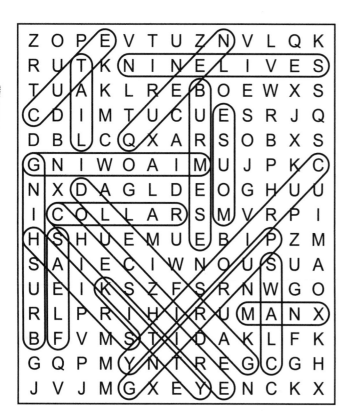

60

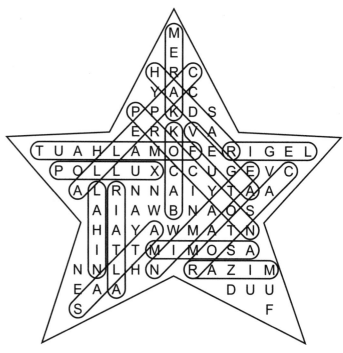

SOLUTIONS

61

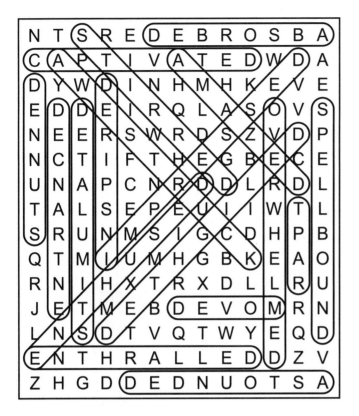

62

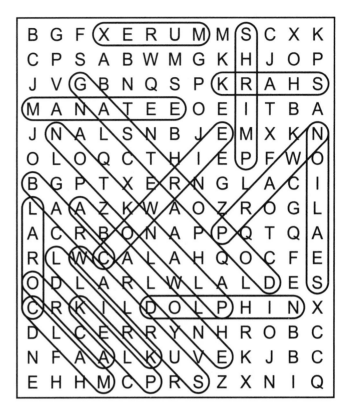

63

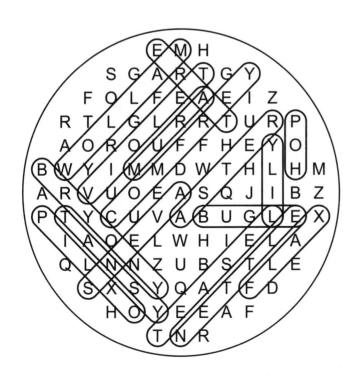

64

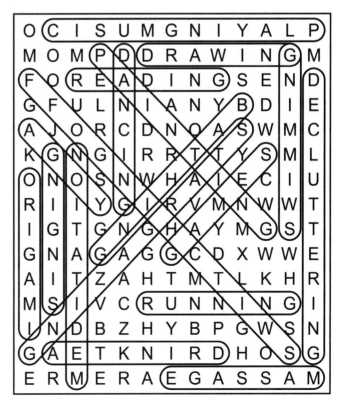

65

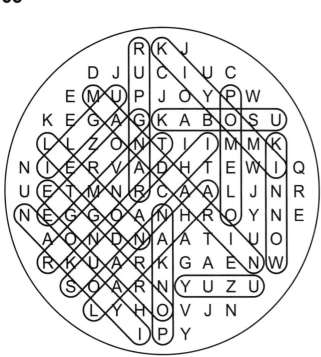

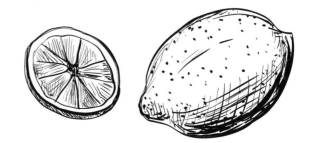